Claire Malroux … o-
saxonnes et, plus … ly
Dickinson, aux E… ix
Maurice Edgar Coindreau en 1990, et le *Royaume* … eil
de Derek Walcott, prix Nobel 1992.

Poète elle-même sous le pseudonyme de Claire Sara Roux, elle est l'auteur de cinq recueils parus aux éditions Rougerie.

ORPHÉE, COLLECTION DIRIGÉE PAR CLAUDE MICHEL CLUNY

Deuxième Série

126. *Cobra Poésie*, anthologie établie et présentée par Jean-Clarence Lambert.
127. Paul Palgen, *Guanabara et autres poèmes*, choix établi et présenté par Georges Thinès.
128. Jan Kochanowski, *La Vie qu'il faut choisir*, choix traduit du polonais et du latin, présenté par Alice-Catherine Carls.
129. Maurice Chappaz, *Office des morts suivi* de *Tendres campagnes*, présentation par Christophe Calame.
130. Alfred Tennyson, *Le Rêve d'Akbar et autres poèmes*, traduit de l'anglais et présenté par Claude Dandréa.
131. Bai Juyi, *Chant des regrets éternels et autres poèmes*, traduit du chinois et présenté par Georgette Jaeger
132. Juvénal, *Satires*, choix traduit du latin et présenté par Pierre Feuga.
133. Gary Snyder, *Premier chant du chaman et autres poèmes*, traduit de l'anglais et présenté par Antoine Wyss.
134. Karoline von Günderode, *Rouge vif*, poésies complètes traduites de l'allemand et présentées par Olivier Apert.
135. Georges Haldas, *Un grain de blé dans l'eau profonde*, choix présenté par Jean Romain.
136. Michel Deguy, *Ouï Dire*, présenté par Alain Bonfand.
137. Jorge Nájar, *Toile écrite*, traduit de l'espagnol (Pérou) par Marilyne-Armande Renard.
138. Roger Bodart, *La Route du sel*, présentation par René Lacôte, choix et préface de Anne Richter
139. Ivan Blatný, *Le Passant*, traduit du tchèque par Erika Abrams, présenté par Zbyněk Hejda.
140. Edith Södergran, *Le Pays qui n'est pas*, traduit du suédois par Lucie Albertini et Carl Gustaf Bjurström, préface par L. Albertini.
141. Hsüeh T'ao, *Un torrent de montagne*, choix traduit du chinois par Pierre Lorain, et présenté par Pierre Lorain et Zhu Jie.
142. *Anthologie grecque II, La Couronne de Philippe*, traduit du grec et présenté par Dominique Buisset.
143. H.D., *Le jardin près de la mer*, traduit de l'anglais et présenté par Jean-Paul Auxeméry.
144. Ivan A. Bounine, *Mon cœur pris par la tombe*, choix, traduction du russe et présentation par Madeleine de Villaine, avant-propos par Vladimir Nabokov.

145. François Mauriac, *Le Feu secret*, choix et présentation de Jean-Louis Curtis.
146. Thomas Hardy, *La Risée du Temps*, traduction de l'anglais et présentation par Frédéric Jacques Temple.
147. Roberto Juarroz, *Douzième Poésie verticale*, traduction de l'espagnol par Fernand Verhesen, présentation par Michel Camus.
148. Karel Van de Woestijne, *L'Ombre dorée et autres poèmes*, choix et traduction du flamand de Marcel Lecomte, présentation par Georges Thinès.
149. Miquel Martí i Pol, *Joie de la parole*, choix, traduction du catalan par Patrick Gifreu, présentation par Gil Jouanard.
150. Jules Laforgue, *Que la vie est quotidienne...*, choix et présentation par Jacques Brault.
151. *Pantouns malais*, choix, traduction du malais et présentation par Georges Voisset.
152. Tibulle, *Elégies*, choix, présentation et traduction du latin par Pierre Macris.
153. Johannes Bobrowski, *Ce qui vit encore*, choix, traduction de l'allemand et présentation par Ralph Dutli et Antoine Jaccottet.
154. Julian Tuwim, *Pour tous les hommes de la terre*, choix, traduction du polonais et présentation par Jacques Burkos.

POÉSIE DE LANGUE ANGLAISE
A PARAÎTRE

Stephen Crane, *Les Cavaliers noirs et autres poèmes*, poésies complètes traduites et présentées par Paule Noyart.
Nina Loy, *Lunar Baedecker*.
Philip Larkin, *Poèmes choisis*.

C.K. WILLIAMS

CHAIR ET SANG

TRADUIT DE L'ANGLAIS ET PRÉSENTÉ
PAR CLAIRE MALROUX
CHOIX DE CLAIRE MALROUX ET DE L'AUTEUR

ORPHÉE / LA DIFFÉRENCE

LA VOIX DANS LA VOIX

> ...ma mère, pendant toute mon enfance,
> quand je lui disais quelque chose, quelque
> chose d'important, remuait les lèvres en
> même temps que je parlais
> et ainsi elle semblait dire tout bas, alors même
> que je les disais, les mots mêmes que je
> disais...
>
> C.K. Williams : *My Mother's Lips*.

Il faut s'interroger sur ces vers d'un poème de *Tar*, le recueil immédiatement antérieur à *Chair et sang* : C.K. Williams nous y livre quelques-uns des secrets de la création poétique.

Dans ce poème il se réfère à une habitude de sa mère qu'il lui a demandé, parvenu à l'âge de la puberté, de perdre. C'est seulement plus tard, dit-il, alors que ses propres enfants apprenaient à parler, qu'il a compris « la note d'inquiétude » présente dans la manière qu'elle avait de prononcer les mots presque en même temps que lui. Qu'il a compris aussi le désir maternel « de l'accompagner hors du silence », de le « faire émerger de ces grottes nues pleines d'innommé que l'on renferme en soi ».

Le problème de la voix, de l'origine et du rôle de la voix, si primordial pour un poète, il semble le lier à cette expérience. Par une logique intime il la rapproche d'une autre, celle d'une nuit où, « réellement seul pour la première fois de sa vie », à deux heures du matin, il s'est penché à sa fenêtre pour « incanter dans un déchirant murmure ce qu'il croyait être des poèmes ». La voix sort aidée par les lèvres maternelles, mais à un certain moment il faut la conquérir seul. Le poète doit s'accoucher lui-même. Il est à la fois la mère qui accompagne l'enfant encore impuissant à nommer les choses du monde et cet enfant à l'écoute de la voix jaillie de son tréfonds. C.K. Williams a toujours cherché à remonter au plus près de la source de sa voix; de la voix qu'il appelle « voix de l'esprit » et qui n'est autre que la poésie. Son itinéraire, jalonné de bonds et d'apparentes ruptures, est marqué par cet effort d'auto-engendrement.

D'autres écrivains, naturellement, ont joué leur rôle dans ce processus de naissance. C. K. Williams pourrait être à première vue un lointain rejeton de Walt Whitman : c'est la même ampleur de souffle, la même attention omnivorace au monde et à l'homme, les mêmes longs vers, filets ramenant une pêche substantielle entre leurs solides mailles. Ou un lointain petit neveu de William Carlos Williams, dont il partage la conception de la *chose* à dire, l'intérêt pour tel ou tel fragment significatif à détacher du bloc de la réalité et à présenter sans fard ni faux lyrisme, l'attitude d'« empathie, de sympathie » à l'égard des thèmes traités qui faisait écrire au poète Randall Jarell à propos de ce dernier qu'elle n'avait d'équivalent que celle de Rilke. Mais on soupçonne C.K. Williams de s'être moins laissé pénétrer par les influences ambiantes que d'être allé lui-même puiser dans la littérature étrangère — et pas nécessairement poétique — celles qui lui étaient essentielles pour se trouver : Neruda, Dostoievski, Baudelaire, Rilke, Yeats, Kierkegaard, entre autres.

*
* *

Né juste avant la Seconde Guerre mondiale à Newark , dans le New Jersey, C.K. Williams s'est imposé comme un poète majeur vers la fin des années 1970 avec *With Ignorance* (1977) et *Tar* (1983), les deux recueils précédant *Chair et sang*. Auparavant, il avait publié *Lies* (1969) et *I Am the Bitter Name* (1971). Un élément a joué un rôle essentiel pour provoquer cette reconnaissance : au vers libre, utilisé par lui jusque-là à l'instar de bien d'autres poètes de sa génération, C.K. Williams substituait une forme plus régulière, articulée sur le vers long de vingt-deux à vingt-cinq syllabes, sinueux, tentaculaire, exploratoire, qui depuis est devenu son instrument exclusif. Ainsi l'importance et l'originalité de sa poésie se sont révélées grâce à une transformation de l'écriture, à la voix nouvelle qu'il s'est forgée pour appréhender son matériau, prosaïque en surface, le pénétrer en profondeur, restituer son *volume*, de façon à en extraire toutes les significations possibles.

Le poète d'avant *With Ignorance* est un être de révolte, une conscience douloureuse qui s'ouvre à la tragédie du monde. C'est l'époque trouble et turbulente de la guerre du Vietnam et il est naturel que la révolte revête un visage politique, comme dans le *Poem for the Governments*, ces gouvernements « qui ont dévoré tout ce qu'il y a de bon sur la terre ». Il crie son horreur de la guerre : « Maintenant c'est la pure gadoue, mi-excrément de vache, mi-boue et sang », sa pitié pour les *boys* rapatriés aux Etats-Unis « dans des sacs de crème glacée ». Sa révolte s'étend au globe entier, partout où se déclarent des foyers d'oppression et de lutte, mais déborde rapidement ce cadre un peu officiel pour se centrer sur des réalités plus proches, et en même temps moins contemporaines, dont on sent qu'elles l'atteignent au cœur. Peut-être sous l'influence de Dostoïevski et au contact des malades de l'hôpital psychiatrique de Philadelphie où il dirige, peu après ses études, un programme de thérapie par la poésie, la sienne s'imprègne d'une intense compassion à l'égard de tout ce qui est vulnérable dans la création, de l'animal à l'homme opprimé, mais surtout de l'enfance innocente et sacrifiée, telle que l'incarne par exemple Anne Frank. Dans cette élégie, *A Day for Anne Frank*, son premier poème publié (1968), il berce contre lui sa « petite sœur » en lui promettant que « cela va finir/cela ne se reproduira plus ». A ce stade, sa source d'inspiration demeure encore largement métaphysique. L'homme est jeté dans un monde de mort où une malédiction imprécise le pousse sans cesse à tuer. « Ils (les hommes) sont enfoncés à coups de marteau dans la terre/ comme des clous... Ils sont épines, ils sont les sombres semences, et c'est leur fin » *(It Is This Way With Men)*, dit C.K. Williams avec la simplicité du psalmiste. On note néanmoins au passage à quel point, par le vocabulaire et les images, il cherche à s'ancrer dans la réalité la plus matérielle, la plus quotidienne.

De ces textes où il semble fouetter sa rage et se laisse aller parfois à l'excès, des éléments passeront dans *Chair et sang* : l'intensité de la vision, avec ses corollaires, un certain voyeurisme et le grossissement du détail, l'obsession de la sexualité, la fascination exercée par l'incongru, le monstrueux, le pervers. Toutes choses qui, à des générations et des univers géographiques et culturels de distance, ne sont pas sans rappeler Baudelaire, en particulier le Baudelaire des *Tableaux parisiens :*

Dans les plis sinueux des vieilles capitales,
Où tout, même l'horreur, tourne aux enchantements...

Lucide, C.K. Williams se rend néanmoins compte qu'il n'a pas dépassé dans ses deux premiers recueils la phase encore adolescente, trop subjective, de l'explosion et du cri. Non sans ironie, il se compare à un « bébé arrivé un jour ici et qui avant/ qu'il soit tout à fait sorti et puisse déjà sentir la douleur/ hindoue en lui et l'hébreu et l'iliade/ décida qu'il n'allait jamais cesser de pleurer... jusqu'à ce qu'on rende la mort aussi minuscule que lui... » (« The Rampage »). Au terme d'un face-à-face rigoureux avec lui-même, d'une réflexion sur les objectifs de son art et les moyens de le rendre efficace, il décide de modifier son approche, de ne plus aborder « de plein fouet » les questions politiques ou sociales — ou ses propres obsessions —, d'« enfouir délibérément tout ce qui pouvait ressembler à un message dans l'inconscient du poème ». En vérité, il est à la recherche d'un langage qui laisse monter des profondeurs, par delà l'effervescence du moi, la vérité infiniment plus complexe des choses et des êtres.

*
* *

Avec *With Ignorance* (1977) il découvre ce langage. Cinq ans se sont écoulés dans l'intervalle, mis à profit notamment pour traduire les *Trachiniennes* de Sophocle. La tragédie grecque développe et fortifie son sens du drame. Dans ce recueil et le suivant, *Tar*, le vers williamsien travaille d'abord la matière dans le sens de l'élargissement. Il suscite d'amples poèmes narratifs, ou plutôt comportant des éléments narratifs, comme si, grâce à lui, C.K. Williams possédait maintenant le moyen d'ouvrir tout grands à la fois l'ojectif de sa caméra et son champ d'investigation. Le long vers lui permet de se mouvoir au-delà des limites subjectives de la poésie lyrique, d'« accéder à des domaines de l'expérience jusque-là interdits ». Ces poèmes ambitieux explorent les « grands et insolubles problèmes » de l'existence — amour, deuil, sexe, mort — tout ce qui, dans *Chair et sang*, sera ramassé en un seul vers d'« Histoire familiale » (p. 53) : « La vieille nature, l'amour et la mort, la terreur et le péché originel. »

Le poème devient une sorte d'« espace mental » recomposé dont aucune des strates de la vie mouvante, insaisissable de la conscience, le *stream of consciousness*, n'est exclu. Plutôt que la linéarité du flot, C.K. Williams tente de saisir son épaisseur chaotique et turbulente, ces milliers de « petits drames que l'esprit élabore constamment », ces milliers d'« images mentales qui naissent en même temps que les images reçues par les sens, mais pour ainsi dire *derrière* elles ». Par d'incessantes allées et venues entre l'indicible et la réalité la plus tangible, le poème capte ces instants où présent et souvenir s'étreignent, mêle introspection et observation, joint le plus abstrait au plus quotidien par le jeu d'une intelligence toute spéculative. En dehors des plongées dans la vie même du poète — mais il ne s'agit pas du tout de poésie « confessionnelle » à la manière de Robert Lowell, de Sylvia Plath ou d'Anne Sexton —, le monde que C.K. Williams donne à voir est toujours celui de villes aux quartiers délabrés, hantés par une humanité médiocre, clochards, ivrognes, paumés de toutes sortes, image d'une Amérique urbaine fin de siècle que les descriptions des romanciers nous ont rendue familière. C.K. Williams se défend cependant d'écrire de la poésie-roman. Un poème tel que « From the Window », mettant en scène d'une façon à la fois pathétique et burlesque un ancien combattant de la guerre du Vietnam devenu paraplégique et son compagnon, est le résultat d'une multiplicité de « visions » débouchant sur des « épiphanies ». La poésie illumine le réel, elle ne le commente pas. C'est une façon de dire les choses comme elles sont ou plutôt de les laisser dire et se dire dans leur ambiguïté même, leur complexité, leur douceur ou leur cruauté.

*
* *

Un nouveau pas est franchi avec *Chair et sang*, cette fois dans le sens du resserrement. La voix s'affine, se précise. L'architecture même du recueil a changé, obéissant à des lois strictes, quasi musicales, de composition. Aux vastes poèmes de longueur irrégulière de *With ignorance* et de *Tar* succèdent en parfaite rupture, semble-t-il, des poèmes de huit vers chacun, disposés dans l'édition originale à raison de deux par page. (En réalité, une ébauche de huitains était apparue déjà dans « The Last Deaths », un poème de *With Ignorance*.) Il a été évidemment impossible de respecter ici une telle disposition, mais l'effet général demeure celui d'une série de « sonnets » modernes proches des *Dream Songs* de John Berryman ou des *Notebooks* de Robert Lowell, les huit longs vers équivalant plus ou moins aux quatorze vers du sonnet classique.

Certes, le nouveau vers n'est pas sorti tout armé de la tête de son créateur à la fin des années 1970. Il existait à l'état latent dans certains poèmes des premiers recueils. Tombant par hasard sur un poème de *I Am the Bitter Name* (1971), on lit :

our poor angel how sick
he must be of burying his face
in our hot mouths breathing
in maggots...

mais on pourrait disposer aussi bien ces vers non ponctués conformément à la prosodie qui régit *Tar* ou *Chair et sang*, soit un double pentamètre, comportant en général dix accents distribués selon un nombre imprévisible de syllabes, un peu à la manière du vieil anglais ou du *sprung rhythm* de Gerard Manley Hopkins :

our poor angel how sick he must be of burying his face in our hot mouths breathing in maggots

notre pauvre ange que ça doit l'écœurer d'enfouir son visage dans nos bouches chaudes, de respirer des asticots

La forme rigoureuse retenue par C.K. Williams pour *Chair et sang* a été attribuée par certains critiques à l'influence des *haïku*. Du fait, les *Poems 1963-1983* incluent une brève séquence intitulée *The Lark, The Thrush. The Starling.* (L'Alouette. La Grive. L'Etourneau) inspirée par le poète japonais Issa (1763-1827). Mais elle pourrait aussi bien être le fruit du hasard, le « sonnet » naissant d'une « chute » de poème qui s'est trouvée faire sens, isolée de son contexte. On peut hasarder encore une autre explication : et si la France, où C.K. Williams s'est définitivement installé à peu près à l'époque où il écrivait *Chair et sang*, l'avait orienté dans le sens de la concision ? Bien des textes ont été écrits dans notre pays, ainsi qu'en témoignent le décor parisien d'« Orage », « Square », « Deuxième personnes : Chai de l'Abbaye », « Racistes », « Amour : Deuil », ou celui du « Petit Salvié », nom d'une petite ferme que possédait en Dordogne le poète Paul Zweig, héros de cette élégie.

*
* *

L'effet de *Chair et sang* est kaléidoscopique. Moments d'observation intense, petites fables, embryons de nouvelles ou de romans, scènes dramatiques, méditations ou évocation de paysages étrangement dépourvus d'humains, la contrainte choisie par le poète empêche un matériau proliférant et protéiforme de se dilater ou de se diluer, le maintient dans l'éloquente brièveté de l'épiphanie. L'approche varie, mais deux modalités caractéristiques se dégagent qui se rejoignent, bien que dissemblables en apparence. La première est une approche optique, fondée sur le grossissement graduel du détail, ou cinématographique. Le champ du poème « Rapacité » est comme balayé par une caméra. (C.K. Williams a été scénariste consultant pour deux films du cinéaste David Lynch). Tous les procédés du cinéma y sont tour à tour employés : cadrage du sujet, arrière-plan, travelling, ralenti, gros plan final sur l'oiseau, comme dissous dans l'aura de sa signification : « masque de mort près du blanc caillé ».

A l'opposé, une rhétorique purgée d'images et reposant presque entièrement sur la progression syntaxique de la phrase gouverne les poèmes, comme si C.K. Williams cherchait à faire entendre une seconde voix, plus vraie, une voix qui se dérobe sans cesse quand le poète parle. Alors le vécu, le concret, l'expérience, cette assise si inexpugnable, semblait-il, du réel, se trouve comme annihilée ou contestée au fur et à mesure qu'elle se dit. « Véhicule : Insécurité » (p. 73) en offre l'exemple parfait, dans la mesure où la voix précisément est mise en scène, mais la dualité vocale est sensible dans tous les textes, en particulier ceux du *Petit Salvié*, composés d'une ou de deux phrases, où le cheminement de la pensée tout comme l'exploration de l'émotion *créent* le poème. Ce n'est pas ici la matière verbale, la richesse des images ou des métaphores, qui prédomine, mais plutôt le mouvement parcourant les poèmes. Mouvement comparable tantôt au déferlement d'une haute vague, avec ses enroulements et ses tourbillons syntaxiques, ses brusques changements de rythme, ses ruptures de ton, son instabilité, tantôt à la progression patiente et méandreuse d'un fleuve sujet à des disparitions souterraines. Il faut suivre cette syntaxe modulée entraînant vers les zones les plus secrètes du psychisme comme on suit le déroulement d'une phrase de Proust ou de James. La musique naît de ce libre jeu de l'esprit, de sa faculté de faire « fusionner l'improbable et l'indéniable », d'unir à la réflexion ce qui par nature lui échappe. C.K. Williams n'est pas loin de penser que la substance même de l'âme humaine est poésie : le poète serait alors celui qui accouche l'humanité de sa vraie voix. En nous invitant ainsi à pénétrer au cœur même de l'élaboration de l'écriture et à la partager, il nous donne cette impression rare de n'être que la fine pointe de la conscience et de la sensibilité de ses contemporains, un porte-parole de l'homme en cette fin déchirée du XXe siècle.

Que ce soit à l'échelle individuelle (« Maladie d'Alsheimer ») ou universelle, la perte de la conscience apparaît à C.K. Williams comme le plus grand fléau. Au lendemain de la Deuxième Guerre mondiale, encore enfant, il fait un rêve qui, si l'on en croit le poème de *Chair et sang* portant ce titre (p. 81), n'a rien perdu, des années après, de son climat de terreur et d'angoisse. Un ami plus âgé lui ayant assuré (en manière de menace, ou pour se rendre intéressant, ou encore par une remarquable intuition de la vulnérabilité de son camarade) que la bombe atomique allait le consumer « de l'intérieur », le jeune Charles, au cours d'une nuit de cauchemar, se voit dévoré par le feu. Non seulement il a alors la certitude que tous ceux qu'il aime sont morts, mais « *je savais*, dit-il, *que la conscience elle-même était morte, l'univers vidé d'esprit comme moi de mes entrailles* ». Voilà bien pour lui, vécu de façon prémonitoire, le désastre cosmique, le crime de lèse-univers : la disparition de la conscience, *consciousness*, terme à prendre dans son sens à la fois le plus étendu et le plus pointu de perception, de saisie mentale du monde, un sens autant psychologique que moral.

C'est peut-être sous la pression de cette épreuve traumatisante que C.K. Williams n'a de cesse depuis de vouloir sauver de la conscience et du monde tout ce qui peut être préservé. On comprendrait alors mieux pourquoi surgissent de temps à autre sous sa plume ces paysages soustraits à l'activité humaine, comme impassibles, inaltérables, transcendants, et pourquoi il déploie en même temps une énergie de croisé à débusquer les mensonges, questionner les sources de la connaissance et du psychisme, conjurer la mort. Sa croisade, ni religieuse ni politique, ne vise pas à apporter le salut, à libérer des âmes aveuglées par l'erreur, mais plutôt à régénérer le regard. Elle veut exercer pleinement, tant qu'elle dispose du temps, la faculté de saisir et dire la réalité dans sa totalité, au moyen de tous les sens, afin de la sauvegarder dans la nouvelle boîte de Pandore du langage : « Non "histoire" mais odeur, son, vision, réalité sensuelle, êtres et actes, héros... (« Le passé », p. 43). En ce jour d'une énième après-guerre serait née la vocation du poète C.K. Williams, prophète laïque dont la parole est passion et compassion.

CHAIR ET SANG

FLESH AND BLOOD

ELMS

All morning the tree men have been taking down the stricken
elms skirting the broad sidewalks.
The pitiless electric chain saws whine tirelessly up and down
their piercing, operatic scales
and the diesel choppers in the street shredding the debris
chug feverishly, incessantly,
packing truckload after truckload with the feathery, homo-
genized, inert remains of heartwood,
twig and leaf and soon the block is stripped, it is as though
illusions of reality were stripped :
the rows of naked facing buildings stare and think, their
divagations more urgent than they were.
« The winds of time, » they think, the mystery charged with
fearful clarity : « The winds of time... »
All afternoon, on to the unhealing evening, minds racing,
« Insolent, unconscionable, the winds of time... »

ORMES

Toute la matinée les hommes ont abattu les ormes malades bordant les larges trottoirs.
Les cruelles scies électriques sans trêve montent et descendent leurs stridentes gammes d'opéra,
les tronçonneuses diesel dans la rue hachent les débris avec un incessant, fébrile halètement,
remplissant camions après camions des restes inertes, homogénéisés, duveteux, d'aubier,
de rameaux et feuilles et bientôt le bloc est dépouillé, comme se dépouille d'illusions la réalité :
les rangées d'immeubles nus en face regardent, pensives, leurs divagations rendues plus urgentes.
« Le vent du temps », songent-elles, ce mystère chargé d'une inquiétante clarté : « Le vent du temps... »
Tout l'après-midi, jusqu'au soir sans remède, les esprits s'affolant : « Insolent, scandaleux, le vent du temps.... »

ALZHEIMER'S : THE WIFE

for Renée Mauger

She answers the bothersome telephone, takes the message,
forgets the message, forgets who called.
One of their daughters, her husband guesses : the one with
the dogs, the babies, the boy Jed ?
Yes, perhaps, but how tell which, how tell anything when all
the name tags have been lost or switched,
when all the lonely flowers of sense and memory bloom and
die now in adjacent bites of time ?
Sometimes her face will suddenly appear with terrifying
inappropriateness before her in a mirror.
She knows that if she's patient, its gaze will break, demurely,
decorously, like a well-taught child's,
it will turn from her as though it were embarrassed by the
secrets of this awful hide-and-seek.
If she forgets, though, and glances back again, it will still be
in there, furtively watching, crying.

MALADIE D'ALZHEIMER

pour Renée Mauger

Elle décroche le téléphone importun, prend le message,
oublie le message, oublie qui a appelé.
Une de leurs filles, devine son mari : oui, mais celle qui a
les chiens, les enfants petits, le garçon Jed ?
Comment savoir, comment savoir quoi que ce soit quand
toutes les étiquettes sont perdues ou se mêlent,
que toutes les fleurs solitaires de la mémoire et des sens
s'ouvrent et meurent désormais dans un temps morcelé ?
Parfois son visage surgit devant elle dans un miroir avec une
terrifiante incongruité.
Elle sait que si elle est patiente il baissera les yeux, grave-
ment, poliment, ainsi qu'un enfant sage,
qu'il se détournera d'elle comme gêné par les secrets de cet
horrible jeu de cache-cache.
Si elle oublie, pourtant, et se retourne encore, il sera toujours
là à guetter, furtif, en larmes.

NOSTALGIA

In the dumbest movie they can play it on us with a sunrise
and a passage of adagio Vivaldi —
all the reason more to love it and to loathe it, this always
barely choked-back luscious flood,
this turbulence in breast and breath that indicates a purity
residing somewhere in us,
redeeming with its easy access the thousand lapses of
memory shed in the most innocuous day
and canceling our rue for all the greater consciousness we
didn't have for past, lost presents.
Its illusion is that we'll retain this new, however hammy past
more thoroughly than all before,
its reality, that though we know by heart its shabby ruses,
know we'll misplace it yet again,
it's what we have, a stage light flickering to flood, chintz and
gaud, and we don't care.

NOSTALGIE

Dans le film le plus bête on peut nous faire vibrer avec une
aube et un adagio à la Vivaldi —
raison de plus pour qu'on l'adore et l'abhorre, ce voluptueux
émoi toujours à peine refoulé,
ce tumulte du souffle et du cœur, signe de la présence
quelque part en nous d'une pureté
qui rachète par son facile accès les mille oublis jonchant la
journée la plus anodine
et nous ôte le regret de n'avoir pas été plus attentifs aux
présents passés, perdus.
Son leurre est de faire croire qu'on retiendra mieux ce passé
nouveau, si cabotin qu'il soit, que tout ce qui précède,
sa réalité, que, même sachant par cœur ses ruses sordides,
sachant qu'on le fourvoiera de nouveau,
on n'a que lui, un clignotement théâtral, strass et clinquant,
et qu'on s'en moque.

FIRST DESIRES

It was like listening to the record of a symphony before you knew anything at all about the music,
what the instruments might sound like, look like, what portion of the orchestra each represented :
there were only volumes and velocities, thickenings and thinnings, the winding cries of change
that seemed to touch within you, through your body, to be part of you and then apart from you.
And even when you'd learned the grainy timbre of the single violin, the ardent arpeggios of the horn,
when you tried again there were still uneases and confusions left, an ache, a sense of longing
that held you in chromatic dissonance, droning on beyond the dominant's resolve into the tonic,
as though there were a flaw of logic in the structure, or in (you knew it was more likely) you.

PREMIERS DÉSIRS

C'était comme écouter le disque d'une symphonie avant de rien connaître à la musique,
de savoir quel son, quel aspect pouvaient avoir les instruments, leur rôle à chacun dans l'orchestre :
ce n'étaient que volumes et vélocités, amas et minceurs, cris sinueux de métamorphose
qui semblaient se toucher en toi, à travers ton corps, faire partie de toi puis s'en séparer.
Et même ayant appris le timbre grenu du violon solo, les ardents arpèges du cor,
quand tu essayais de nouveau il restait des confusions et des gênes, un tourment, un désir diffus
qui te fixaient dans un dissonant chromatisme, prolongé après la résolution de la dominante en tonique,
comme s'il y avait un défaut de logique dans la structure, ou plutôt (tu le pressentais) en toi.

THE CRITIC

In the Boston Public Library on Boylston Street, where all the bums come in stinking from the cold,
there was one who had a battered loose-leaf book he used to scribble in for hours on end.
He wrote with no apparent hesitation, quickly, and with concentration ; his inspiration was inspiring :
you had to look again to realize that he was writing over words that were already there —
blocks of cursive etched into the softened paper, interspersed with poems in print he'd pasted in.
I hated to think of the volumes he'd violated to construct his opus, but I liked him anyway,
especially the way he'd often reach the end, close his work with weary satisfaction, then open again
and start again : page one, chapter one, his blood-rimmed eyes as rapt as David's doing psalms.

LE CRITIQUE

Dans la bibliothèque publique de Boylston Street, à Boston,
où le froid pousse tous les clodos puants,
il y en avait un qui griffonnait pendant des heures d'affilée
sur les feuilles d'un classeur délabré.
Il écrivait sans hésitation visible, vite, et d'un air concentré ;
son inspiration était inspirante :
au second coup d'œil on se rendait compte qu'il retraçait des
mots déjà écrits,
des blocs de cursive gravés dans le papier ramolli, parsemés
de poèmes imprimés collés par ses soins.
L'idée qu'il avait violé des livres pour bâtir son œuvre
m'était odieuse, mais il me plaisait malgré tout,
surtout sa façon d'atteindre souvent la fin, de fermer son
cahier avec une satisfaction lasse, et de le rouvrir
pour recommencer : première page, premier chapitre, ses
yeux rougis aussi extasiés que ceux de David à ses
psaumes.

READING : WINTER

He's not sure how to get the jack on — he must have recently bought the car, although it's an ancient,
impossibly decrepit, barely holding-together Chevy : he has to figure out how each part works,
the base plate, the pillar, the thing that hooks to the bumper, even the four-armed wrench,
before he can get it all together, knock the hubcap off and wrestle free the partly rusted nuts.
This all happens on a bed of sheet ice : it's five below, the coldest January in a century.
Cars slip and skid a yard away from him, the flimsy jack is desperately, precariously balanced,
and meanwhile, when he goes into the trunk to get the spare, a page of old newspaper catches his attention
and he pauses, rubbing his hands together, shoulders hunched, for a full half minute, reading.

LECTURE : HIVER

Il ne sait pas très bien mettre le cric — il a dû acheter l'auto
récemment, une Chevrolet pourtant antique,
incroyablement délabrée, qui tient à peine : il lui faut calculer
comment chaque partie fonctionne,
le pied, la tige, le truc qui s'accroche au pare-chocs, même
la clé en croix,
avant de pouvoir ajuster le tout, ôter l'enjoliveur et desserrer
les écrous à moitié rouillés.
Tout cela se passe sur du verglas : il fait moins vingt, c'est
le mois de janvier le plus froid du siècle.
Des autos dérapent à un mètre de lui, le frêle cric oscille
violemment, dangereusement ;
mais quand il va chercher dans le coffre le pneu de rechange,
une page d'un vieux journal attire son attention
et il s'arrête en se frottant les mains, épaules remontées,
pendant une bonne demi-minute, pour lire.

READING : EARLY SORROW

The father has given his year-old son Le Monde *to play with in his stroller and the baby does*
just what you'd expect : grabs it, holds it out in front of him, stares importantly at it,
makes emphatic and dramatic sounds of declamation, great pronouncements of analytic probity,
then tears it, pulls a page in half, pulls the half in quarters, shoves a hearty shred in his mouth —
a delicious editorial on unemployment and recession, a tasty jeu de mots *on government ineptitude.*
He startles in amazement when the father takes the paper back from him : What in heaven's name ?
Indignation, impotence, frustration, outrage, petulance, rebellion, realism, resignation.
Slumping back, disgusted... Hypocrite lecteur, mon semblable... *Just wait, he's muttering, just wait...*

LECTURE : PREMIER CHAGRIN

Le père a donné *Le Monde* à son fils d'un an pour qu'il joue avec dans sa poussette et le bambin réagit

exactement comme prévu : l'attrape, le tient devant lui, le scrute d'un air important,

émet de vigoureux sons déclamatoires, de grandes affirmations de probité intellectuelle,

puis le déchire, une page en deux, la moitié en quatre, s'en fourre un bon morceau dans la bouche —

un exquis éditorial sur le chômage et la récession, un jeu de mots succulent sur l'ineptie gouvernementale.

Il sursaute quand le père lui retire le journal : *mais qu'est-ce qui lui prend ?*

Indignation, impuissance, frustration, humeur, révolte, réalisme, résignation.

S'affale, écœuré... *Hypocrite lecteur, mon semblable...* tu vas voir, marmonne-t-il, tu vas voir...

NEW CAR

Doesn't, when we touch it, that sheen of infinitesimally
pebbled steel, doesn't it, perhaps,
give *just a bit, yes, the subtlest yielding, yes, much less than*
flesh would, we realize,
but still, as though it were intending in some formal way that
at last we were to be in contact
with the world of inorganics, as though, after all we've been
through with it, cuts, falls, blows,
that world, the realm of carbon, iron, earth, the all-ungiving,
was attempting, gently, patiently,
to reach across, respond, and mightn't we find now, not to
our horror or even our discomfort,
that our tongue, as though in answer, had wandered gently
from the mouth, as though it, too,
shriven of its limits, bud and duct, would sanctify this unity,
would touch, stroke, cling, fuse ?

AUTOMOBILE NEUVE

N'est-ce pas que, sous nos doigts, ce poli d'un acier au grain infinitésimal
cède peut-être un peu, oui, d'un abandon des plus subtils, oui, bien moins que la chair, sans doute,
mais cependant comme si d'une façon officielle il voulait qu'enfin nous entrions en contact
avec le monde inorganique, comme si, après tout ce que nous avons subi avec lui, coups, chutes, blessures,
ce monde, règne du carbone, du fer, de la terre, le tout-stérile, cherchait doucement, patiemment,
à atteindre, à répondre, et n'allons-nous pas découvrir, sans horreur ni même malaise,
que notre langue, à son tour, est doucement sortie de notre bouche, comme si elle aussi, absoute
de ses limites, papille et canal, allait sanctifier cette unité, toucher, caresser, adhérer, se fondre ?

CONSCIENCE

In how many of the miserable little life dramas I play out in my mind am I unforgivable,
despicable, with everything, love, kin, companionship, negotiable, marketable, for sale,
and yet I do forgive myself, hardly marking it, although I still remember those fierce
if innocently violent fantasies of my eternal adolescence which could nearly knock me down
and send me howling through myself for caves of simple silence, blackness, oblivion.
The bubble hardens, the opacities perfected : no one in here anymore to bring accusation,
no sob of shame to catch us in its throat, no omniscient angel, either, poor angel, child,
tremulous, aghast, covering its eyes and ears, compulsively washing out its mouth with soap.

CONSCIENCE

Dans combien de misérables petits drames de la vie qu'en pensée je me joue suis-je méprisable,
impardonnable, faisant de tout : amour, famille, amitié, un négoce, un commerce, une marchandise,
et pourtant je me pardonne, presque à mon insu, bien que je me souvienne encore de ces sauvages,
ces violents quoique innocents fantasmes de mon éternelle adolescence qui pouvaient me terrasser
et me jeter hurlant en moi-même en quête de grottes de pur silence, noirceur, oubli.
La bulle durcit, opacités parfaites : nul désormais là-dedans pour porter plainte,
nul sanglot de honte pour nouer la gorge, nul ange omniscient non plus, pauvre ange, enfant,
craintif, horrifié, se couvrant les yeux et les oreilles, contraint de se savonner la bouche.

END OF DROUGHT

It is the opposite or so of the friendly gossip from upstairs
who stops by every other evening.
It's the time she comes in once too often, or it's more exactly
in the middle of her tête-à-tête,
when she grows tedious beyond belief, and you realize that
unless an etiquette is violated
this will just go on forever, the way, forever, rain never
comes, then comes, the luscious opposite,
the shock of early drops, the pavements and the rooftops
drinking, then the scent, so heady with release
it's almost overwhelming, thick and vaginal, and then the
earth, terrified that she'd bungled it,
that she'd dwelt too long upon the problems of the body and
the mind, the ancient earth herself,
like someone finally touching pen to page, breathes her
languid, aching suspiration of relief.

FIN DE SÉCHERESSE

C'est à peu près l'opposé de l'aimable commère d'en haut
qui passe chez vous à tout bout de champ.
C'est quand elle se montre une fois de trop, ou plus
précisément c'est au milieu de son monologue,
quand elle devient assommante au possible et qu'on se rend
compte qu'à moins d'enfreindre une règle de politesse
ça va durer indéfiniment, comme, indéfiniment, le pluie ne
vient pas, puis vient : le voluptueux contraste,
le choc des premières gouttes, les toits et les trottoirs buvant,
puis l'odeur, si grisante de délivrance
qu'elle vous submerge presque, épaisse et vaginale, et la terre
alors, effrayée d'avoir raté son coup,
d'avoir trop longtemps médité sur les problèmes du corps et
de l'esprit, l'antique terre elle-même
pousse son languide, douloureux soupir de soulagement,
comme la plume enfin touche la page.

EASTER

As though it were the very soul of rational human intercourse
which had been violated,
I can't believe you did that, *the father chokes out to his little*
son, kneeling beside him,
tugging at the waistband of the tiny blue jeans, peering in
along the split between the buttocks,
putting down his face at last to sniff, then saying it again,
with quiet indignation, outrage,
a power more moral than parental : at issue here are
covenants, agreements from the dawn of time.
The child, meanwhile, his eyes a little wider than they might
be, is otherwise unblinking ;
all the time the father raves, he stares, scholarly, detached,
at a package in his hands :
a box of foil-wrapped chocolate eggs, because it's spring,
because the god has died, and risen.

PÂQUES

Comme si c'était l'âme même des rapports humains rationnels qu'on avait violée,
je ne peux pas croire que tu aies fait ça, s'étrangle le père : à genoux près de son fils,
il tire sur la ceinture des minuscules blue-jeans, scrute la fente entre les fesses,
y colle enfin son nez pour renifler, puis répète ses mots, avec une colère calme,
une force plus morale que parentale : ici sont en jeu des pactes, des accords datant de l'aube des temps.
L'enfant, pendant ce temps, ses yeux un peu dilatés peut-être, ne bronche pas ;
tandis que son père tempête, il contemple, curieux, détaché, un paquet entre ses mains :
des œufs en chocolat dans du papier doré, parce que c'est le printemps, que le dieu est mort, et ressuscité.

GREED

A much-beaten-upon-looking, bedraggled blackbird, not a starling, with a mangled or tumorous claw,
an extra-evil air, comically malignant, like something from a folktale meant to frighten you,
gimps his way over the picnic table to a cube of moist white cheese into which he drives his beak.
Then a glister of licentious leering, a conspiratorial gleam, the cocked brow of common avarice :
he works his yellow scissors deeper in, daring doubt, a politician with his finger in the till,
a weapon maker's finger in the politician, the slobber and the licking and the champ and click.
It is a lovely day, it always is ; the innocent daylight fades into its dying, it always does.
The bird looks up, death-face beside the curled white, its foot, its fist of dying, daintily raised.

RAPACITÉ

Ravagé, hirsute, un merle, pas un étourneau, une de ses
griffes mutilée ou noueuse,
l'air ultra mauvais, d'une méchanceté comique, pareil à une
créature d'épouvante sortie d'un conte,
boitille sur la table du pique-nique vers un bout de fromage
blanc mœlleux et y plonge son bec.
Un éclair lubrique, une lueur de connivence, l'œil allumé de
l'universelle convoitise :
il enfonce ses ciseaux jaunes plus avant, défiant le doute,
politicien la main dans le sac,
la main du fabricant d'armes dans le dos du politicien, on
salive on se pourlèche on joue des mâchoires et clac.
C'est une belle journée, comme toujours ; l'innocente clarté
du jour s'éteint, comme toujours.
L'oiseau lève la tête, masque de mort près du blanc caillé,
sa patte, son poing mortel, délicatement en l'air.

THE PAST

> The past is not dependent on us for existence,
> but exists in its own right.
>
> Henry Steele Commager

All along certainly it's been there, waiting before us, waiting to receive us, not to waver,
flickering shakily across the mind-screen, always in another shadow, always potentially illusion,
but out ahead, where it should be, redeemable, retrievable, accessible not by imagination's nets
but by the virtue of its being, simply being, waiting patiently for us like any other unattended,
any other hardly anticipated or not even anticipated — as much as any other fact rolling in...
All the project needs is patience, cunning, similar to that with which we outwit trembling death...
Not « history » but scent, sound, sight, the sensual fact, the beings and the doings, the heroes,
unmediated now, the holy and the horrid, to be worked across not like a wistful map, but land.

LE PASSÉ

Le passé n'a pas besoin de nous pour exister,
il existe en lui-même.

Henry Steele Commager

Oui, il était là dès le début, attendant devant nous, attendant
de nous accueillir, non pour vaciller,
reflet tremblant sur l'écran mental, toujours dans l'ombre
d'autre chose, toujours illusion en puissance,
mais en avant, là où il doit être, rachetable, récupérable,
accessible non par les rets de l'imaginaire,
mais parce qu'il est, simplement qu'il est, nous attendant
patiemment comme tout autre fait
négligé, à peine ou pas même anticipé — autant que tout
autre fait qui déferle sur nous...
Le projet ne requiert que patience, ruse, comme pour déjouer
la tremblante mort...
Non « histoire » mais odeur, son, vision, réalité sensuelle,
êtres et actes, héros,
sans médiation, le sacré et l'horreur, à parcourir non ainsi
qu'une carte nostalgique, mais une terre.

LOVE : BEGINNINGS

They're at that stage where so much desire streams between them, so much frank need and want,
so much absorption in the other and the self and the self-admiring entity and unity they make —
her mouth so full, breast so lifted, head thrown back so far in her laughter at his laugther,
he so solid, planted, oaky, firm, so resonantly factual in the headiness of being craved so,
she almost wreathed upon him as they intertwine again, touch again, cheek, lip, shoulder, brow,
every glance moving toward the sexual, every glance away soaring back in flame into the sexual —
that just to watch them is to feel again that hitching in the groin, that filling of the heart,
the old, sore heart, the battered, foundered, faithful heart, snorting again, stamping in its stall.

AMOUR : COMMENCEMENTS

Ils en sont au stade où un tel désir flue entre eux, un besoin
si franc et sincère,
une telle absorption dans l'autre et soi et l'entité et unité
narcissique qu'ils forment —
sa bouche à elle si pulpeuse, les seins dressés, la gorge si
tendue en riant de le voir rire,
lui si ferme, solide, campé, d'une si vibrante réalité dans son
ivresse d'être ainsi désiré,
elle presque vautrée sur lui quand encore ils s'enlacent,
encore se touchent, front, joue, lèvre, épaule,
chaque regard menant au sexuel, chaque regard détourné
ramenant dans un envol de flamme au sexuel,
que rien qu'à les voir on éprouve à nouveau ce tiraillement
à l'aine, ce gonflement du cœur,
le vieux, douloureux cœur, le fidèle cœur rompu, fourbu,
s'ébrouant de nouveau, piaffant dans sa stalle.

LOVE : HABIT

He has his lips pressed solidly against her cheek, his eyes
are wide open, though, and she, too,
gazes into the distance, or at least is nowhere in the fragile
composition they otherwise create.
He breaks off now, sulkily slouches back ; his hand, still
lifted to her face, idly cups her chin,
his fingers casually drumming rhythms on her lips, a gesture
she finds not at all remarkable —
she still gazes away, looking for whatever she's been looking
for, her inattention like a wall.
Now he kisses her again, *and they both, like athletes, hold*
that way again, perversely persevering...
Oh, Paolo, oh, Francesca : is this all it comes to, the
perturbations and the clamor, the broken breath,
the careenings on the wheel : just this : the sorrowing flame
of consciousness so miserably dimmed ?

AMOUR : HABITUDE

Il appuie fermement ses lèvres contre la joue, mais ses yeux sont grands ouverts, et elle aussi
regarde au loin, ou du moins est absente du groupe fragile que par ailleurs ils forment.
Puis il s'écarte, maussade ; de sa main toujours levée, il lui prend distraitement le menton,
pianote avec désinvolture sur ses lèvres, geste qu'elle n'apprécie pas du tout,
le regard toujours tourné au loin, guettant on ne sait quoi, son inattention semblable à un mur.
Puis il l'embrasse *encore* et tous deux, comme des athlètes, s'étreignent à nouveau, avec une perverse persévérance...
Oh, Paolo, oh, Francesca, est-ce à cela que tout aboutit, les perturbations et la clameur, le souffle coupé,
le tangage sur la roue, rien qu'à cela : la flamme malheureuse de la conscience si misérablement obscurcie ?

LOVE : LOSS

He's the half-respectable wino who keeps to himself, camping with his bags on the steps of the Bourse.
She's the neighborhood schizo, our nomad, our pretty post-teen princess gone to the grim gutter :
her appalling matted hair, vile hanging rags, the engrosing shadow plays she acts out to herself.
Tonight, though, something takes her, she stops, waits, and smiling cunningly asks him for a smoke.
They both seem astonished, both their solitudes emerge, stiff-legged, blinking, from their lairs.
The air is charged with timid probings, promises, wants and lost wants, but suddenly she turns,
she can't do it, she goes, and he, with a stagy, blasé world-weariness leans back and watches,
like Orpheus watches as she raptly picks her way back to the silver path, back to the boiling whispers.

AMOUR : DEUIL

Il est le semi-respectable poivrot qui garde son quant-à-soi,
campant avec ses sacs sur les marches de la Bourse.
Elle est la schizo du quartier, notre nomade, notre jolie
princesse plus très gâtée, tombée dans le triste ruisseau :
une horrible tignasse, d'infects haillons pendouillants, et cet
absorbant théâtre d'ombres qu'elle se joue.
Ce soir, pourtant, elle a une impulsion : s'arrête, attend, et
souriant d'un air rusé lui demande une cigarette.
Tous deux semblent stupéfaits, leurs deux solitudes émer-
gent, raides, clignant des yeux, de leurs tanières.
L'air est chargé de timides prémices, promesses, désirs et
désirs oubliés, mais soudain elle tourne bride,
elle ne peut pas, s'en va, et lui, affichant en blasé son dégoût
du monde, se renverse et la regarde
comme regarde Orphée tandis qu'avec extase elle retourne
au sentier argenté, aux furieux chuchotements.

THE MODERN

Its skin tough and unpliable as scar, the pulp out of focus,
weak, granular, powdery, blank,
this tomato I'm eating — wolfing, stuffing down : I'm so
hungry — is horrible and delicious.
Don't tell me, I know all about it, this travesty-sham ; I know
it was plucked green and unripe,
then was locked in a chamber and gassed so it wouldn't rot
till I bought it but I don't care :
I was so famished before, I was sucking sweat from my arm
and now my tomato is glowing inside me.
I muscle the juice through my teeth and the seeds to the roof
of my mouth and the hard,
scaly scab of where fruit met innocent stem and was torn free
I hold on my tongue and savor,
a coin, a dot, the end of a sentence, the end of the long
improbable utterance of the holy and human.

MODERNITÉ

Sa peau dure et sans souplesse comme une cicatrice, sa chair
 brouillée, lâche, grenue, poudreuse, nulle,
cette tomate que je mange — enfourne, bâfre : j'ai si faim !
 — est horrible et exquise.
Oh, je la connais, cette frimeuse travestie ; je sais qu'on l'a
 cueillie verte, pas mûre,
puis mise en chambre et passée au gaz pour l'empêcher de
 pourrir jusqu'à ce que je l'achète, mais je m'en fiche :
Avant je crevais de faim, je suçais la sueur sous mon aisselle
 et maintenant ma tomate luit en moi.
Je fais gicler le jus entre mes dents, les graines contre mon
 palais, et la croûte écailleuse,
là où le fruit uni à la tige innocente a été arraché, je la garde
 sur ma langue et la savoure,
pièce, point, fin de phrase, terme de la longue, improbable
 expression du sacré et de l'humain.

KIN

« You make me sick ! » this, with rancor, vehemence, disgust
— again, « You hear me ? Sick *! »*
with rancor, vehemence, disgust again, with rage and bitterness, arrogance and fury —
from a little black girl, ten or so, one evening in a convenience market, to her sister,
two or three years younger, who's taking much too long picking out her candy from the rack.
What next ? Nothing next. Next the wretched history of the world. The history of the heart.
The theory next that all we are are stories, handed down, that all we are are parts of speech.
All that limits and defines us : our ancient natures, love and death and terror and original sin.
And the weary breath, the weary going to and fro, the weary always knowing what comes next.

HISTOIRE FAMILIALE

« Tu me donnes la nausée ! » Ton plein de rancœur, violence, dégoût. De nouveau : « T'entends ? La *nausée !* »

Toujours avec rancœur, violence, dégoût, et rage et méchanceté, arrogance et fureur.

Une petite Noire, dix ans peut-être, un soir dans une épicerie, crie après sa sœur,

deux ou trois ans plus jeune, parce qu'elle prend vraiment trop de temps pour choisir ses bonbons.

Et puis quoi ? Et puis rien. Et puis la foutue histoire du monde. L'histoire du cœur.

Et puis cette théorie : qu'on n'est que des fictions, transmises, des fragments de discours.

Limites et définitions : la vieille nature, l'amour et la mort, la terreur et le péché originel.

Et la fatigue de respirer, la fatigue d'aller et venir, la fatigue de toujours savoir ce qui va suivre.

WORK

Although constructed of the most up-to-date, technically
advanced elements of woven glass,
carrying messages by laser pulse, the cable the telephone
men are threading down the manhole
has exactly the same thickness and tense flexibility and has
to be handled with the same delicacy
as the penis of the huge palamino stallion I saw breeding at
the riding school when I was twelve
who couldn't get it in so that Charlie Young the little
stablehand had to help him with it.
How more than horrified I was that Charlie would touch the
raw, unpeeled, violet-purple thing,
thinking nothing of it, slipping between the flaring, snorting
stud and the gleaming mare,
lascivious and elegant, who, sidling under now, next year
would throw a mediocre foal, soon sold.

TRAVAIL

Bien que composé des éléments de verre filé les plus
nouveaux, les plus sophistiqués,
pour la transmission par laser, le câble téléphonique qu'insèrent les ouvriers dans la bouche d'égout
a exactement la même épaisseur et ferme souplesse - et doit
être manié avec le même tact
que le pénis de l'énorme étalon palomino qu'au manège, à
douze ans, j'ai vu saillir
et qui n'y arrivait pas, si bien que Charlie Young, le garçon
d'écurie tout petit, dut l'aider.
Combien horrifié je fus de le voir toucher la chose violacée,
à vif, à cru,
sans complexe, pour la glisser entre l'étalon cabré s'ébrouant
et la jument luisante,
élégante et lascive, qui, soumise enfin, allait mettre bas dans
un an un vilain poulain, tôt vendu.

PEACE

We fight for hours, through dinner, through the endless evening,who even knows now what about,
what could be so dire to have to suffer so for, stuck in one another's craws like fishbones,
the cadavers of our argument dissected, flayed, but we go on with it, to bed, and through the night,
feigning sleep, dreaming sleep, hardly sleeping, so precisely never touching, back to back,
the blanket bridged across us for the wintry air to tunnel down, to keep us lifting, turning,
through the angry dark that holds us in its cup of pain, the aching dark, the weary dark,
then, toward dawn, I can't help it, though justice won't I know be served, I pull her to me,
and with such accurate, graceful deftness she rolls to me that we arrive embracing our entire lengths.

PAIX

On se dispute des heures, pendant le dîner, pendant l'interminable soirée, qui sait même à force pourquoi,
quelle cruauté peut amener à souffrir ainsi, fichés dans le jabot l'un de l'autre comme des arêtes,
les cadavres de notre querelle dépiautés, disséqués, mais on continue, au lit, et toute la nuit,
feignant le sommeil, rêvant le sommeil, dormant à peine, attentifs à ne pas nous toucher, dos à dos,
la couverture comme un pont entre nous sous lequel l'air glacé s'enfonce et nous fait nous agiter
dans le noir furieux qui nous tient en son poing de douleur, le noir meurtri, le noir las,
puis, vers l'aube, je n'en peux plus: sachant pourtant que c'est injuste, je l'attire à moi,
et vers moi elle roule d'un geste gracieux si preste, si précis, que nos corps se rencontrant s'étreignent tout du long.

THE FOUNTAIN

Two maintenance men need half the morning probing just to find the ancient cut-off valve
which is locked tight with rust so that they have to wrestle it with penetrating oil and wrenches
until the flow begins to falter, then arrests, the level in the basin hesitantly lowering.
Now they shovel at tbe copper drains, mossed and caked with leaves and scraps of sandwich paper;
now a fishy fragrance fills the atmosphere although there weren't and never have been any fish,
and all the gods and goddesses, the Neptunes and the dolphins and Dianas, shed their sheen,
their streaked bronze re-emerging, dimmer now, paler, to its other element, while underneath,
a million filters from a million cigarettes tremble in the final suction, worming at the slits.

LA FONTAINE

Il faut à deux ouvriers une demi-matinée rien que pour repérer l'ancienne soupape,
si coincée par la rouille qu'ils doivent la forcer avec des lubrifiants et des clés anglaises,
jusqu'à ce que le flot commence à faiblir, puis s'arrête, et que le niveau baisse, hésitant, dans le bassin.
Ensuite ils raclent les tuyaux de cuivre, moussus et englués de feuilles et de papiers gras;
une odeur trouble de poisson emplit l'air, malgré l'absence hier et aujourd'hui de toute carpe,
et tous les dieux et les déesses, les Neptunes, les dauphins et les Dianes, perdent leur lustre,
leur bronze sali réémergeant, plus obscur à présent, plus pâle, dans son autre élément, tandis qu'au dessous
un million de filtres d'un million de cigarettes frémissent dans l'ultime succion, grouillant aux fentes.

SUICIDE : ANNE

for Anne Sexton

Perhaps it isn't as we like to think, the last resort, the end of
something, thwarted choice or attempt,
but rather the ever-recurring beginning, the faithful first to
mind, the very image of endeavor,
so that even the most patently meaningless difficulties, a
badly started nail, a lost check,
not to speak of the great and irresolvable emotional issues,
would bring instantly to mind
that unfailingly reliable image of a gesture to be carried out
for once with confidence and grace.
It would feel less like desperation, being driven down,
ground down, and much more a reflex, almost whim,
as though the pestering forces of inertia that for so long had
held you back had ebbed at last,
and you could slip through now, not to peace particularly,
not even to escape, but to completion.

SUICIDE

pour Anne Sexton

Peut-être n'est-ce pas comme on veut croire, le dernier
 recours, un terme mis à un choix ou à un essai manqués,
mais plutôt le perpétuel commencement, le fidèle ressort
 premier, le signe même de l'aventure :
alors, même les difficultés les plus visiblement futiles, un
 clou mal engagé, la perte d'un chèque,
sans parler des grands et insolubles problèmes affectifs,
 feraient aussitôt surgir à l'esprit
cette image infaillible d'un geste à accomplir pour une fois
 avec assurance et grâce.
Il semblerait moins le fait du désespoir, d'être traqué, broyé,
 et bien plus un réflexe, presque une fantaisie,
comme si les forces harassantes de l'inertie qui vous avaient
 si longtemps retenu refluaient enfin,
livrant passage non vers la paix précisément, ni même la
 liberté, mais l'achèvement.

THE STORM

A dense, low, irregular overcast is flowing rapidly in over the city from the middle South.
Above it, the sky holds blue, with scattered, intricate conglomerations of higher clouds
sidling in a much more even, stately procession across the dazzling, unsullied azure.
Now the lower level momentarily thins, fragments, and the early sun, still sharply angled,
breaks through into a finer veil and simmers, edges sharp, its ardent disk gently mottled.
Down across the roof lines, the decorative dome of Les Invalides looms, intruding on all this,
and suddenly a swallow banks around its gilded slopes, heading out but veering quickly back
as though the firmament, figured by so many volumes now, were too intimidating to row out in alone.

ORAGE

Une nuée basse, dense, irrégulière, s'amasse rapidement sur
la ville depuis le Sud.
Au-dessus, le ciel reste bleu, parsemé de complexes agrégats
de nuages très hauts
glissant en un cortège bien plus ordonné, majestueux, dans
le pur, éblouissant azur.
Puis la partie basse s'affine un instant, se fragmente, et le
jeune soleil, encore à l'oblique,
perce sous un voile léger tremblant de chaleur, contours nets,
son disque ardent doucement moucheté.
A l'horizon des toits, le décoratif dôme des Invalides émerge,
intrus dans cette scène,
et soudain une hirondelle, rasant ses flancs dorés, s'élance
mais vire ausitôt
comme si le firmament, formé de tant de volumes, était trop
intimidant pour qu'on y vogue seul.

MEDUSA

Once, in Rotterdam, a whore once, in a bar, a sailors' bar,
a hooker bar, opened up her legs —
her legs, my god, were logs — lifted up her skirt, and rubbed
herself, with both hands rubbed herself,
there, right there, as though what was there was something
else, as though the something else
was something she just happened to have under there,
something that she wanted me to see.
All I was was twenty, I was looking for a girl, the girl, the
way we always, all of us,
looked for the girl, and the woman leaned back there and
with both hands she mauled it,
talked to it, asked it if it wanted me, laughed and asked me
if I wanted it, while my virginity,
that dread I'd fought so hard to lose, stone by stone was
rising back inside me like a wall.

MÉDUSE

Un jour, à Rotterdam, une putain un jour, dans un bar, un bar de marins, un bar de marlous,
ouvrit ses cuisses — de sacrés jambons ! — souleva sa jupe et se caressa, des deux mains se caressa,
là, juste là, comme si ce qu'il y avait là était autre chose, comme si cette autre chose
était une chose qu'elle se trouvait avoir là-dessous, une chose qu'elle voulait que je voie.
Je n'avais que vingt ans, je cherchais une fille, la fille, celle que tous et toujours
nous cherchions, et la femme se renversa et des deux mains elle tripota la chose,
lui parla, lui demanda si elle me voulait, rit et me demanda si je la voulais, et ma virginité,
cette terreur que je m'étais tant acharné à perdre, pierre à pierre se reformait en moi comme un mur.

PHILADELPHIA : 1978

I'm on my way to the doctor to get the result of chest X-rays because I coughed blood
a few weeks ago while we were still in California ; I am more or less a wreck of anxiety
and just as I turn the corner from Spruce Street onto Sixteenth where my doctor's is,
a raggedy-looking guy coming toward me on the sidewalk yells to me from fifty feet away :
« I know that walk ! I sure know that *walk ! » smiling broadly, with genuine good feeling.*
Although I don't recognize him — he looks druggy, wasted — I smile back, then, as we come closer,
he suddenly seems dubious, asking, « Don't I know you ? »« Maybe not. » « Weren't you in 'Nam ? »
and before I can answer, « Shit ! » he spits out, « shit ! » furious with me : « You fucking shit *! »*

PHILADELPHIE : 1978

Je m'en vais chez mon toubib chercher le résultat d'une radio
des poumons, ayant craché du sang
quelques semaines plus tôt, quand nous étions encore en
Californie : je suis mort d'angoisse
et juste comme je tourne de Spruce Street dans la Seizième
rue où se trouve son cabinet,
un gars déguenillé marchant vers moi sur le trottoir me crie
à vingt mètres de distance :
« Je connais cette démarche ! Et comment ! », avec un large
sourire, une vraie cordialité.
Je ne le reconnais pas — il a l'air drogué, détruit — mais
je lui souris en retour, quand, arrivé à ma hauteur,
il semble soudain indécis, demande : « Je te connais, non ? »
« Peut-être pas. » « T'étais pas au Vietnam ? »
et avant que j'aie eu le temps de répondre : « Salope !
hurle-t-il, furieux contre moi, espèce de *salope !* »

THE PARK

In that oblivious, concentrated, fiercely fetal decontraction peculiar to the lost,
a grimy derelict is flat out on a green bench by the sandbox, gazing blankly at the children.
« Do you want to play with me ? » a small boy asks another, his fine head tilted deferentially,
but the other has a lovely fire truck so he doesn't have to answer and emphatically he doesn't,
he just grinds his toy, its wheels immobilized with grit, along the low stone wall.
The first child sinks forlornly down and lays his palms against the earth like Buddha.
The ankles of the derelict are scabbed and swollen, torn with aching varicose and cankers.
Who will come to us now ? Who will solace us ? Who will take us in their healing hands ?

SQUARE

Dans cet état absent, concentré, farouchement fœtal de décontraction propre aux paumés,
un vagabond crasseux est vautré sur un banc vert près du tas de sable, fixant les enfants d'un air vide.
« Tu joues avec moi ? » demande un petit garçon à un autre, sa jolie tête penchée avec déférence,
mais l'autre a une belle voiture de pompiers : il n'a pas à répondre et ostensiblement ne répond pas,
se borne à pousser le jouet qui grince, ses roues bloquées par le sable, le long du muret.
Le premier enfant s'affale tristement, les paumes contre le sol comme Bouddha.
Les chevilles du paria sont enflées et couvertes de croûtes, trouées de douloureux ulcères et varices.
Qui viendra à nous à présent ? Qui nous consolera ? Qui nous appliquera ses mains guérisseuses ?

SECOND PERSONS : CAFÉ DE L'ABBAYE

Without quite knowing it, you sit looking for your past or
future in the couples strolling by,
the solitaries stalking by, saddened that you never seem to
find what you've been looking for
although you've no idea or at least you tell yourself you don't
what you might be looking for,
you only have the vaguest, vagrant sense that it would be
someone you knew once, lover, friend,
and lost, let drift away, not out of your life, for they were
meant to drift away that way,
but from some portion of your meaning to yourself, or from
the place such meaning should reside :
the other would recuperate essences, would be the link from
where you were to where you would be,
if consciousness were able, finally, to hold all of this
together, even not quite ever knowing why.

DEUXIÈMES PERSONNES : CHAI DE L'ABBAYE

Sans bien le savoir, c'est ton passé ou ton avenir que tu
cherches dans les couples qui flânent,
les solitaires qui se hâtent, attristé de ne jamais trouver,
semble-t-il, ce que tu cherchais,
quoique tu n'aies aucune idée, ou du moins tu veux t'en
persuader, de l'objet de ta recherche,
sinon le sentiment très flou, flottant, qu'il pourrait s'agir de
quelqu'un que tu as connu jadis, ami, amante,
puis perdu, laissé disparaître non de ta vie, car il était voué
à en disparaître ainsi,
mais d'une partie du sens que tu as pour toi-même, ou du
lieu où devrait résider ce sens :
l'autre réveillerait des essences, serait le lien entre là où tu
étais et où tu serais
si la conscience était capable, en fin de compte, de tout
réunir, même sans jamais bien savoir pourquoi.

VEHICLE : INSECURITY

The way the voice always, always gives it away, even when
you weren't aware yourself you felt it,
the tightness in the middle range, the hollow hoarseness
lower toward the heart that chips, abrades,
shoves against the hindpart of the throat, then takes the
throat, then takes the voice as well,
as though you'd lost possession of the throat and then the
voice or what it is that wills the voice
to carry thoughtlessly the thought through tone and word,
and then the thoughts themselves are lost
and the mind that thought the thoughts begins to lose itself,
despairing of itself and of its voice,
this infected voice that infects itself with its despair, this
voice of terror that won't stop,
that lays the trap of doubt, this pit of doubt, this voiceless
throat that swallows us in doubt.

VÉHICULE : INSÉCURITÉ

Cette façon qu'a la voix de toujours, toujours trahir, même sans le savoir toi-même tu le sentais,
cette contraction à mi-registre, plus bas vers le cœur cette raucité caverneuse qui rabote, abrase,
pousse contre l'arrière de la gorge, puis envahit la gorge, puis envahit aussi la voix,
comme si tu étais dépossédé de la gorge puis de la voix ou de ce qui force la voix
à transmettre sans y penser la pensée par mot et accent, puis les pensées elles-mêmes se perdent
et l'esprit qui a pensé ces pensées se perd aussi, désespérant de lui-même et de sa voix,
cette voix infectée qui s'infecte de son désespoir, cette voix de terreur qui ne veut pas s'arrêter,
qui tend le piège du doute, cette trappe du doute, cette gorge sans voix qui nous engloutit dans le doute.

VEHICLE : ABSENCE

The way, her father dead a day ago, the child goes in his
closet, finds herself inside his closet,
finds herself atop the sprawl of emptied shoes, finds herself
enveloped in the heavy emptied odor,
and breathes it in, that single, mingled gust of hair and sweat
and fatherflesh and father,
breathes it in and tries to hold it, in her body, in her breath,
keep it in her breath forever...
so we, in love, in absence, in an absence so much less than
death but still shaped by need and loss,
so we too find only what we want in sense, the drive toward
sense, the hunger for the actual flesh ;
so we, too, breathe in, as though to breathe was now itself
the end of all, as though to scent,
to hold the fading traces of an actual flesh, was all, the
hungering senses driven toward all...

VÉHICULE : ABSENCE

Comme, son père mort la veille, une enfant va dans sa
penderie, se retrouve dans sa penderie,
au-dessus de l'amas de chaussures vides, enveloppée de la
lourde odeur vide
et la hume, bouffée mêlant relents de cheveux, de sueur, de
chair paternelle et de père,
la hume et cherche à la retenir, dans son corps, dans son
souffle, de l'y garder à jamais...
nous aussi, dans l'amour, l'absence, absence bien moindre
que la mort mais néanmoins creusée par le dénûment,
nous ne comblons notre désir que par les sens, la pulsion des
sens, la faim de la chair ;
nous aussi, nous humons, comme si humer était désormais
la fin de toute chose, comme si flairer,
retenir les traces évanescentes d'une chair, était tout, la
pulsion des sens affamés vers tout...

VEHICLE : VIOLENCE

The way boxers postulate a feeling to label that with which
they overcome the body's vile fears,
its wish to flinch, to flee, break and run... they call it anger,
pride, the primal passion to prevail ;
the way, before they start, they glare at one another, try to
turn themselves to snarling beasts...
so we first make up something in the soul we name and offer
credence to — « meaning, » « purpose, » « end » —
and then we cast ourselves into the conflict, turn upon our
souls, snarl like snarling beasts...
And the way the fighters fight, coolly until strength fails, then
desperately, wildly, as in a dream,
and the way, done, they fall in one another's arms, almost
sobbing with relief, sobbing with relief :
so we contend, so we wish to finish, wish to cry and end, but
we never cry, never end, as in a dream.

VÉHICULE : VIOLENCE

Comme les boxeurs invoquent un sentiment pour dire comment ils surmontent les viles frayeurs du corps,
son désir de flancher, fuir, tout lâcher... ils le nomment colère, orgueil, passion primitive de vaincre ;
comme, avant le combat, ils se lancent des regards furieux, cherchent à se changer en bêtes féroces,
nous forgeons d'abord en nous un concept auquel nous donnons un nom et ajoutons foi : « sens », « but », « fin » —
puis nous nous jetons dans la bataille, excitons nos âmes, grondons en bêtes féroces...
Et comme les lutteurs luttent, avec calme avant de faiblir, puis avec acharnement, fureur, ainsi qu'en rêve,
et comme, épuisés, ils tombent dans les bras l'un de l'autre, sanglotant presque de soulagement, sanglotant,
nous combattons, voulons en finir, pleurer et en finir, mais sans jamais pleurer, jamais en finir, ainsi qu'en rêve.

RACISTS

Va en Afrique ! Back to Africa ! *the butcher we used to patronize in the Rue Cadet market,*
beside himself, shrieked at a black man in an argument the rest of the import of which I missed
but that made me anyway for three years walk an extra street to a shop of definitely lower quality
until I convinced myself that probably I'd misunderstood that other thing and could come back.
Today another black man stopped, asking something that again I didn't catch, and the butcher,
who at the moment was unloading his rotisserie, slipping the chickens off their heavy spit,
as he answered — how get this right ? — casually but accurately brandished *the still-hot metal,*
so the other, whatever he was there for, had subtly to lean away a little, so as not to flinch.

RACISTES

Va-t'en en Afrique ! hurla le boucher chez qui nous nous servions au marché de la rue Cadet,
hors de lui, à un Noir, au cours d'une dispute dont pour le reste le sens m'échappa
mais qui pendant trois ans m'obligea à courir une rue plus loin, dans une boucherie nettement moins bonne,
jusqu'à ce que je me persuade que j'avais dû mal comprendre et que je pouvais retourner chez lui.
Aujourd'hui un autre Noir s'est arrêté, pour demander quelque chose que de nouveau je n'ai pas saisi,
et le boucher qui vidait sa rôtissoire, faisant glisser les poulets de l'épaisse broche,
a répondu — comment dire ? en *brandissant* d'un geste désinvolte mais précis le métal brûlant :
et l'autre, quel que fût son propos, a dû, subtilement, reculer un peu, pour ne pas broncher.

THE DREAM

How well I have repressed the dream of death I had after the
war when I was nine in Newark.
It would be nineteen-forty-six ; my older best friend tells me
what the atom bomb will do,
consume me from within, with fire, and that night, as I sat,
bolt awake, in agony, it did :
I felt my stomach flare and flame, the edges of my heart curl
up and char like burning paper.
All there was was waiting for the end, all there was was
sadness, for in that awful dark,
that roar that never ebbed, that frenzied inward fire, I knew
that everyone I loved was dead,
I knew that consciousness itself was dead, the universe
shucked clean of mind as I was of my innards.
All the earth around me heaved and pulsed and sobbed ; the
orient and immortal air was ash.

LE RÊVE

Comme j'ai bien refoulé ce rêve de mort que je fis après la guerre quand j'avais neuf ans à Newark !
En quarante six, donc. Mon meilleur ami, plus âgé, me dit : la bombe atomique va nous détruire
du dedans, par le feu, et cette nuit-là, dressé dans mon lit, suant d'angoisse, elle me consuma :
je sentis mon ventre s'embraser, les bords de mon cœur se calciner comme un papier en flammes.
Plus rien que l'attente de la fin, plus rien que la tristesse, car dans ces affreuses ténèbres,
ce ronflement sans répit, ce furieux brasier intérieur, je savais que tous mes aimés étaient morts,
je savais que la conscience elle-même était morte, l'univers vidé d'esprit comme moi de mes entrailles.
La terre entière autour de moi palpitait, sanglotait, l'air auroral et immortel en cendres.

DAWN

The first morning of mist after days of draining, unwavering
heat along the shore : a breath :
a plume of sea fog actually visible, coherent, intact, with all
of the quieter mysteries
of the sea implicit in its inconspicuous, unremarkable gathe-
ring in the weary branches
of the drought-battered spruce on its lonely knoll ; it thins
now, sidles through the browning needles,
is penetrated sharply by a sparrow swaying precipitously on
a drop-glittering twiglet,
then another bird, unseen, is there, a singer, chattering, and
another, long purls of warble,
which also from out of sight insinuate themselves into that
dim, fragile, miniature cloud,
already now, almost with reluctance, beginning its dissipa-
tion in the overpowering sunlight.

AUBE

Premier matin de brume après des journées de chaleur
immuable, épuisante, sur la côte : un *souffle* :
un panache de brouillard marin, visible, compact, entier, tous
les mystères plus calmes
de la mer implicites dans sa discrète, banale invasion des
branches lasses de l'épicéa
desséché sur son tertre solitaire ; il s'amincit, se glisse entre
les aiguilles jaunies,
un moineau le perce, oscillant vertigineusement sur un
rameau luisant de gouttelettes,
puis un autre oiseau, invisible, est là, un chanteur, babillard,
et un autre, de longues vocalises
s'insinuant aussi d'on ne sait où dans ce gris, fragile,
minuscule nuage
qui déjà, presque à regret, amorce sa dissipation dans la
triomphante clarté du soleil.

LE PETIT SALVIÉ

for Paul Zweig
1935-1984

I

The summer has gone by both quickly and slowly. It's been a kind of eternity, each day spinning out its endlessness, and yet with every look back, less time is left...

So quickly, and so slowly... In the tiny elevator of the flat
you'd borrowed on the Rue de Pondicherry,
you suddenly put you head against my chest, I thought to
show how tired you were, and lost consciousness,
sagging heavily against me, forehead oiled with sweat, eyes
ghastly agape... so quickly, so slowly.
Quickly the ambulance arrives, mewling at the curb, the
disinterested orderlies strap you to their stretcher.
Slowly at the clinic, waiting for the doctors, waiting for the
ineffectual treatments to begin.
Slowly through that night, then quickly all the next day, your
last day, though no one yet suspects it.
Quickly those remaining hours, quickly the inconsequential
tasks and doings of any ordinary afternoon.
Quickly, slowly, those final silences and sittings I so regret
now not having taken all of with you.

LE PETIT SALVIÉ

pour Paul Zweig
1935-1984

1

L'été est passé vite et lentement à la fois. Une sorte d'éternité, chaque jour étirant sa durée sans fin, et pourtant à chaque regard en arrière il reste moins de temps...

Si vite, et si lentement... Dans le petit ascenseur de l'appartement qu'on t'avait prêté rue de Pondichéry,
tu as posé soudain ta tête sur ma poitrine, pour montrer ta fatigue, ai-je cru, et tu as perdu connaissance,
t'affaissant lourdement contre moi, le front gras de sueur, les yeux affreusement béants... si vite, si lentement.
Vite l'ambulance arrive, miaulant au bord du trottoir, les infirmiers indifférents t'attachent sur leur civière.
Lentement à la clinique on attend les médecins, on attend que commencent les traitements inefficaces.
Lentement cette nuit-là, puis vite tout le jour d'après, ton dernier jour, quoique nul ne s'en doute encore.
Vite ces quelques heures, vite les menus faits et gestes de n'importe quel banal après-midi.
Vite, lentement, ces ultimes séances et silences qu'aujourd'hui je regrette tant de n'avoir pas tous partagés avec toi.

2

« I don't think we'll make the dance tonight, » I mumble mawkishly. « It's definitely worse, » you whisper.
Ice pack hugged to you, you're breathing fast ; when you stop answering questions, your eyes close.
You're there, and then you slip away into your meditations, the way, it didn't matter where,
in an airport, a café, you could go into yourself to work, and so we're strangely comforted.
It was dusk, late, the softening, sweetening, lingering light of the endless Paris evening.
Your room gave on a garden, a perfect breeze washed across your bed, it wasn't hard to leave you,
we knew we'd see you again : we kissed you, Vikki kissed you, « Goodbye, my friends, » you said,
lifting your hand, smiling your old warming smile, then you went into your solitude again.

2

« On va louper le bal ce soir », dis-je sur un ton mièvre. « Ça va nettement plus mal », murmures-tu.

La vessie à glace serrée contre toi, tu respires vite ; quand tu cesses de répondre aux questions, tes yeux se ferment.

Tu es là, puis tu t'évades dans tes méditations, à la façon dont, n'importe où,

aéroport, café, tu pouvais te retirer en toi-même pour travailler, et cela étrangement nous rassure.

C'était le crépuscule, tard, la douce, tendre, persistante clarté du soir sans fin de Paris.

Ta chambre donnait sur un jardin, une brise idéale soufflait sur ton lit, on n'avait pas de peine à te quitter,

on savait qu'on te reverrait : on t'a embrassé, Vikki t'a embrassé. « Au revoir, mes amis », as-tu dit,

la main levée, avec ton bon sourire chaleureux, puis tu as regagné ta solitude.

3

We didn't know how ill you were... we knew how ill but hid
it... we didn't know how ill you were...
Those first days when your fever rose... if we'd only made
you go into the hospital in Brive...
Perhaps you could have had another year... but the way
you'd let death touch your life so little,
the way you'd learned to hold your own mortality before you
like an unfamiliar, complex flower...
Your stoicism had become so much a part of your identity,
your virtue, the system of your self-regard ;
if we'd insisted now, you might have given in to us, when we
didn't, weren't we cooperating
with what wasn't just your wish but your passion never to be
dying, sooner dead than dying ?
You did it, too : composed a way from life directly into death,
the ignoble scribblings between elided.

3

On ne savait pas combien c'était grave... on le savait mais
on le cachait... on ne savait pas combien c'était grave...
Ces premiers jours où ta fièvre montait... si seulement on
t'avait persuadé d'entrer à l'hôpital de Brive...
Tu aurais peut-être pu gagner un an... mais tu laissais si peu
la mort toucher ta vie,
tu avais appris à tenir devant toi ta condition mortelle comme
une fleur compliquée, insolite...
Ton stoïcisme était partie si intégrante de ta nature, de ta
vertu, de ta conception du respect de soi ;
si nous avions insisté, tu aurais peut-être cédé, en nous en
abstenant n'obéissions-nous pas
à ce qui n'était pas chez toi simple vœu, mais vraie passion
de ne pas être mourant, plutôt mort que mourant ?
Et tu as réussi : inventant un chemin direct de la vie à la mort,
sans les ignobles gribouillis.

4

It must be some body-thing, some species-thing, the way it comes to take me from so far,
this grief that tears me so at moments when I least suspect it's there, wringing tears from me
I'm not prepared for, had no idea were even there in me, this most unmanly gush I almost welcome,
these cries so general yet with such power of their own I'm stunned to hear them come from me.
Walking through the street, I cry, talking later to a friend, I try not to but I cry again,
working at my desk I'm taken yet again, although, again, I don't want to be, not now, not again,
though that doesn't mean I'm ready yet to let you go... what it does mean I don't think I know,
nor why I'm so ill prepared for this insistence, this diligence with which consciousness afflicts us.

4

Ce doit être une sorte de corps, un être d'une espèce, à voir
comme il vient me saisir de si loin,
ce chagrin qui me déchire tant aux instants où je soupçonne
le moins qu'il est là, m'arrachant des larmes
déroutantes, dont j'ignorais même la présence en moi, cette
effusion si peu virile que j'accueille presque,
ces pleurs si universels mais d'une telle force propre que je
suis stupéfait de les entendre jaillir de moi.
Traversant la rue, je pleure, parlant plus tard à un ami, malgré
moi je repleure,
à ma table de travail ça me reprend même si, de nouveau, je
résiste, non, pas maintenant, pas de nouveau :
ce qui ne signifie pas que je suis prêt à te perdre... ce que ça
signifie, je crois que je ne le sais pas,
ni pourquoi je suis si dépourvu devant cette insistance, ce
zèle avec lequel la conscience nous afflige.

5

I imagine you rising to something like heaven : my friend
who died last year is there to welcome you.
He would know the place by now, he would guide you past
the ledges and the thorns and terror.
Like a child I am, thinking of you rising in the rosy clouds
and being up there with him,
being with your guru Baba, too, the three of you, all strong
men, all partly wild children,
wandering through my comforting child's heaven, doing
what you're supposed to do up there forever.
I tell myself it's silly, all of this, absurd, what we sacrifice in
attaining rational mind,
but there you are again, glowing, grinning down at me from
somewhere in the heart of being,
ablaze with wonder and a child's relief that this after all is
how astonishingly it finishes.

5

Je t'imagine montant vers une sorte de ciel : mon ami mort l'an dernier est là pour t'accueillir.
Il devrait connaître le lieu à présent, il te guidera par-delà les à-pic, les épines, la terreur.
Je suis un enfant, de penser que tu montes parmi les nuages roses, que tu es là-haut avec lui,
avec ton gourou Baba, aussi, tous les trois, tous des hommes forts, tous un peu des enfants sauvages,
parcourant mon rassurant paradis enfantin, faisant ce que vous êtes censés faire là-haut à jamais.
Je me dis que c'est bête, tout cela, absurde, ce que nous sacrifions pour atteindre au rationnel,
mais de nouveau tu es là, radieux, tu me souris de là-haut au cœur de l'être, tu resplendis
d'émerveillement, du soulagement enfantin de voir que c'est ainsi, ô surprise, que cela finit.

6

In my adult mind, I'm reeling, lost — I can't grasp anymore what I even think of death.
I don't know even what we hope for : ecstasy ? bliss ? or just release from being, not to suffer anymore.
At the grave, the boring rabbi said that you were going to eternal rest : rest ? why rest ?
Better say we'll be absorbed into the « Thou, » better be consumed in light, in Pascal's « Fire » !
Or be taken to the Godhead, to be given meaning now, at last, the meaning we knew eluded us.
God, though, Godhead, Thou, even fire : all that is gone now, gone the dark night arguments,
gone the partial answers, the very formulations fail ; I grapple for the questions as they *fail.*
Are we to be redeemed ? When ? How ? After so much disbelief, will something be beyond us to receive us ?

6

Mon esprit d'adulte chavire, égaré — je ne parviens même plus à saisir ce que je pense de la mort.

Je ne sais même pas ce que nous espérons : extase ? bonheur ? ou simplement être libérés de l'être, ne plus souffrir.

Sur la tombe, l'assommant rabbin a dit que tu allais vers le repos éternel : repos ? pourquoi repos ?

Plutôt dire que nous serons absorbés dans le « Toi », plutôt être consumés dans la lumière, dans le « feu » de Pascal !

Ou menés auprès du dieu, pour prendre un sens, enfin, ce sens que nous savions insaisissable.

Mais Dieu, le dieu, Toi, même le feu : tout a disparu, disparue la dialectique de la nuit obscure,

disparues les réponses partielles, les formulations mêmes manquent : je m'affronte aux questions dans le manque.

Serons-nous rachetés ? Quand ? Comment ? Après tant de doute, y aura-t-il quelque chose au-delà de nous pour nous accueillir ?

7

Redemption is in life, « beyond » unnecessary : it is radically demeaning to any possible divinity
to demand that life be solved by yet another life : we're compressed into this single span of opportunity
for which our gratitude should categorically be presumed ; this is what eternity for us consists of,
praise projected from the soul, as love first floods outward to the other then back into the self...
Yes, yes, I try to bring you to this, too ; yes, what is over now is over ; yes, we offer thanks,
for what you had, for what we all have : this portion of eternity is no different from eternity,
they both contract, expand, cast up illusion and delusion and all the comfort that we have is love,
praise, the grace not to ask for other than we have... yes and yes, but this without conviction, too.

7

La rédemption est dans la vie, « l'au-delà » superflu ; c'est
vraiment ravaler tout dieu éventuel
de réclamer que la vie se résolve par une autre vie ; nous
sommes comprimés dans ce seul espace du possible
pour lequel notre gratitude devrait être sans conteste acquise ; en cela consiste pour nous l'éternité,
louange jaillie de l'âme, comme l'amour flue d'abord vers
l'autre, puis reflue dans le moi...
Oui, oui, j'essaie de te faire admettre aussi cela ; oui, ce qui
est fini maintenant est fini ; oui, nous rendons grâces
pour ce que tu as eu, pour ce que nous avons tous : cette part
d'éternité ne diffère pas de l'éternité,
toutes deux se contractent, se dilatent, génèrent leurre et
illusion et notre seul réconfort est l'amour,
la louange, la grâce de ne rien demander d'autre que ce que
nous avons... oui, certes, mais cela aussi sans conviction.

8

What if after, though, there is something else, will there be judgment then, will it be retributive,
and if it is, if there is sin, will you have to suffer some hellish match with what your wrongs were ?
So much good you did, your work, your many kindnesses, the befriendings and easy generosities.
What sort of evil do we dare imagine we'd have to take into those awful rectifications ?
We hurt one another, all of us are helpless in that, with so much vulnerable and mortal to defend.
But that vulnerability, those defenses, our belittling jealousies, resentments, thrusts and spites
are the very image of our frailty : shouldn't our forgiveness for them and our absolution be assumed ?
Why would our ultimate identities be burdened with absolutes, imperatives, lost discordant hymns ?

8

Si pourtant il y a autre chose après, y aura-t-il alors un jugement, une sanction,

et s'il en est ainsi, si péché il y a, devras-tu subir une infernale contrepartie de tes fautes ?

Tout ce bien que tu as accompli, ton œuvre, tes bontés multiples, les gestes d'amitié et vraies générosités...

Quelle sorte de mal peut-on imaginer devoir soumettre à ces terribles redressements ?

Nous nous blessons, tous sans le vouloir, tant il y a en nous du vulnérable et du mortel à protéger.

Mais cette vulnérabilité, ces défenses, nos mesquines jalousies, rancœurs, coups et cruautés

sont le reflet même de notre faiblesse : ne devrait-on pas présumer leur pardon et notre absolution ?

Pourquoi grever notre identité ultime d'absolus, d'impératifs, d'hymnes discordants révolus ?

9

How ambiguous the triumphs of our time, the releasing of
the intellect from myth and magic.
We've gained much, we think, from having torn away
corrupted modes of aggrandizement and giantism,
those infected and infecting errors that so long held sway
and so bloated our complacencies
that we would willingly inflict even on our own flesh the
crippling implications of our metaphysic.
How much we've had to pay, though, and how dearly had to
suffer for our liberating dialectics.
The only field still left to us to situate our anguish and
uncertainty is in the single heart,
and how it swells, the heart, to bear the cries with which we
troubled the startled heavens.
Now we have the air, transparent, and the lucid psyche, and
gazing inward, always inward, to the wound.

9

Combien ambigus les triomphes de notre temps, l'affranchissement de l'intellect du mythe et de la magie !
Nous avons beaucoup gagné, pensons-nous, à avoir extirpé les modes pourris d'amplification et de gigantisme,
ces erreurs viciées et vicieuses qui ont si longtemps régné et tant enflé notre suffisance
que nous serions prêts à infliger à notre propre chair les effets paralysants de notre métaphysique.
Mais de quel prix, de quelle souffrance nous avons dû payer cette dialectique libératrice !
Le seul dernier refuge de notre angoisse et de notre incertitude est le cœur solitaire
et comme il se gonfle, le cœur, pour supporter les cris dont nous troublions les cieux effarés.
Aujourd'hui il y a l'air, transparent, la psyché lucide et le regard intérieur, toujours intérieur, vers la blessure.

10

The best evidence I have of you isn't my memory of you, or your work, although I treasure both,
and not my love for you which has too much of me in it as subject, but the love others bore you,
bear you, especially Vikki, who lived out those last hard years with you, the despairs and fears,
the ambivalences and withdrawals, until that final week of fever that soaked both your pillows.
Such a moving irony that your last days finally should have seared the doubt from both of you.
Sometimes it's hard to tell exactly whom I cry for — you, that last night as we left you there,
the way you touched her with such solicitude, or her, the desolation she keeps coming to :
« I've been facing death, touched death, and now I have a ghost I love and who loves me. »

10

Ton signe le plus tangible n'est pas mon souvenir de toi ni ton œuvre, aussi chers me soient-ils,
et non plus mon amour pour toi, où il entre trop de moi-même, mais l'amour que les autres te portaient,
te portent, Vikki surtout, qui a vécu avec toi ces dernières dures années, les peurs et les désespoirs,
les ambivalences et les replis, jusqu'à cette ultime semaine de fièvre qui trempa vos deux oreillers.
Quelle poignante ironie que tes derniers jours aient pour finir consumé le doute en vous deux.
Parfois je ne sais pas au juste qui je pleure — si c'est toi, le dernier soir où nous t'avons laissé,
ta sollicitude en caressant Vikki, ou elle, la désolation où elle en vient sans cesse :
« *J'ai affronté la mort, touché la mort, et maintenant il y a un fantôme que j'aime et il m'aime.* »

11

Genevieve, your precious Gen, doesn't quite know when to cry, or how much she's supposed to cry,
or how to understand those moments when it passes, when she's distracted into play and laughter
by the other kids or by the adults who themselves don't seem to grasp this terrible non-game.
At the cemetery, I'm asked to speak to her, comfort her : never more impossible to move beyond cliché.
We both know we're helplessly embedded in ritual : you wanted her, I tell her, to be happy,
that's all, all her life, which she knows, of course, but nods to, as she knows what I don't say,
the simplest self-revealing truths, your most awful fear, the brutal fact of your mortality :
how horribly it hurt to go from her, how rending not being here to help bear this very pain.

11

Geneviève, ta précieuse Gen, ne sait pas très bien quand pleurer, ni jusqu'à quel point,
ni comment prendre ces instants où ça passe, où elle se laisse entraîner à des jeux et des rires
par les autres gosses ou les adultes qui n'ont pas l'air eux-mêmes de saisir ce terrible non-jeu.
Au cimetière, on me demande de lui parler, de la consoler : impossible comme jamais de dépasser les clichés.
Nous savons tous deux que nous sommes englués dans le rituel : tu voulais, lui dis-je, qu'elle soit heureuse,
c'est tout, toute sa vie, ce qu'elle sait, bien sûr, mais approuve, comme elle sait ce que je ne dis pas,
les évidences les plus simples, ta terrible angoisse, le fait brutal de ta condition mortelle :
quelle douleur c'était de la quitter, quel déchirement de n'être pas là pour partager justement cette peine.

12

Nothing better in the world than those days each year with
you, your wife, my wife, the children,
at your old stone house in the Dordogne, looking over valleys
one way, chestnut woods the other,
walks, long talks, visits to Lascaux or Les Eyzies, reading,
listening to each other read.
Our last night, though, I strolled into the moonless fields, it
might have been a thousand centuries ago,
and something suddenly was with me : just beyond the
boundaries of my senses presences were threatening,
something out of childhood, mine or humankind's ; I felt my
fear, familiar, unfamiliar, fierce,
might freeze me to the dark, but I looked back — I wasn't
here alone, your house was there,
the zone of warmth it made was there, you yourself were
there, circled in the waiting light.

12

Rien de meilleur au monde que ces jours passés chaque
année avec toi, ta femme, ma femme, les enfants,
dans ta vieille maison de pierre en Dordogne, donnant sur
des vallées d'un côté, des bois de châtaigniers de l'autre :
balades, longues causeries, visites à Lascaux ou aux Eyzies,
lecture mutuelle de nos poèmes.
Notre dernier soir, pourtant, j'ai flâné dans les champs sans
lune, ç'aurait pu être il y a mille siècles,
et soudain quelque chose fut là avec moi : juste au-delà du
seuil de mes sens, des présences menaçaient,
quelque chose venu de l'enfance, la mienne ou celle de
l'homme : j'ai senti que ma peur bien connue, inconnue,
cruelle,
allait me clouer dans le noir, mais je me suis retourné : je
n'étais pas seul, ta maison était là,
la zone de chaleur qu'elle créait était là, toi-même étais là,
dans ce lumineux cercle d'attente.

13

I seem to have to make you dead, dead again, to hold you in my mind so I can clearly have you,
because unless I do, you aren't dead, you're only living somewhere out of sight, I'll find you,
soon enough, no need to hurry, and my mind slips into this other tense, other grammar of condition,
in which you're welded to banalities of fact and time, the reality of what is done eluding me.
If you're accessible to me, how can you be dead ? You are accessible to me, therefore... something else.
So what I end with is the death of death, but not as it would have been elaborated once,
in urgencies of indignation, resignation, faith : I have you neither here, nor there, but not not-anywhere :
the soul keeps saying that you might be here, or there — the incessant passions of the possible.

13

Je dois, semble-t-il, te faire mourir, mourir encore, pour te fixer dans mon esprit et t'avoir à moi en toute clarté,
sinon tu n'es pas mort, tu ne fais que vivre quelque part hors de vue, je te trouverai
assez tôt, rien ne presse, et mon esprit tombe dans cet autre mode temporel, cette autre grammaire de l'être,
où tu es soudé aux banalités du fait et du temps, la réalité de ce qui est accompli m'échappant.
Si tu es accessible, comment peux-tu être mort ? Tu es accessible, donc... autre chose.
Ainsi j'aboutis à la mort de la mort, mais non comme on l'aurait jadis conçue
dans des extrémités de révolte, résignation, foi : tu n'es ni ici ni là-bas, mais pas nulle part :
l'âme va répétant que tu pourrais être ici, ou là-bas — incessantes passions du possible.

14

Here's where we are : out behind the house in canvas chairs,
you're reading new poems to me,
as you have so often, in your apartment, a park in Paris —
anywhere : sidewalk, restaurant, museum.
You read musically, intensely, with flourishes, convictions :
I might be the audience in a hall,
and you are unimaginably insecure, you so want me to
admire every poem, every stanza, every line,
just as I want, need, you, too, to certify, approve, legitimize,
all without a doubt or reservation,
and which neither of us does, improving everything instead,
suggesting and correcting and revising,
as we knew, however difficult it was, we had to, in our barely
overcome but overcome competitiveness.
How I'll miss it, that so tellingly accurate envy sublimated
into warmth and brothership.

14

Nous sommes là : dehors, dans des transats derrière la
maison, tu me lis de nouveaux poèmes,
comme si souvent, dans ton appartement, un square à Paris,
n'importe où : trottoir, restaurant, musée.
Tu lis musicalement, avec intensité, conviction, de grands
gestes : je pourrais être le public d'une salle,
et tu es incroyablement anxieux, tu veux tant que j'admire
chaque poème, chaque strophe, chaque vers,
tout comme je veux, ai besoin que, toi aussi, tu confirmes,
approuves, ratifies tout sans le moindre doute ni réserve,
ce qu'aucun de nous deux ne fait, améliorant tout plutôt par
nos suggestions, révisions et corrections,
sachant bien, aussi dur que ce fût, qu'il le fallait, dans notre
rivalité à peine sumontée mais surmontée quand même.
Comme elle me manquera, cette jalousie si exigeante, subli-
mée en chaleur et fraternité.

15

Here's where we are : clearing clumps of shrub and homely brush from the corner of your yard,
sawing down a storm-split plum tree, then hacking at the dozens of malevolently armored maguey :
their roots are frail as flesh and cut as easily, but in the August heat the work is draining.
Now you're resting, you're already weak although neither of us will admit it to the other.
Two weeks later, you'll be dead, three weeks later, three months, a year, I'll be doing this,
writing this, bound into this other labor that you loved so much and that we also shared,
still share, somehow always will share now as we shared that sunny late summer afternoon,
children's voices, light ; you, pale, leaning on the wall, me tearing at the vines and nettles.

15

Nous sommes là : nous nettoyons des massifs d'arbustes et de simples broussailles dans un coin de ta cour,
nous scions un prunier foudroyé, puis nous coupons des dizaines d'agaves méchamment cuirassés ;
leurs racines sont tendres comme la chair et se tranchent aussi aisément, mais dans la chaleur d'août ce travail épuise.
Tu te reposes, tu es déjà affaibli même si nous ne voulons pas nous l'avouer l'un à l'autre.
Deux semaines plus tard, tu seras mort, trois semaines plus tard, trois mois, un an, je serai occupé à ceci,
j'écrirai ceci, voué à cet autre labeur que tu aimais tant et que nous partagions aussi,
partageons encore, partagerons en un sens toujours comme jadis cet après-midi ensoleillé de fin d'été,
les voix d'enfants, la lumière : toi, pâle, appuyé contre le mur, moi arrachant les orties et le lierre.

16

« A man's life cannot be silent ; living is speaking, dying, too, is speaking, » so you wrote,
so we would believe, but still, how understand what the finished life could have meant to say
about the dying and the death that never end, about potential gone, inspiration unaccomplished,
love left to narrow in the fallacies of recall, eroding down to partial gesture, partial act ?
And we are lessened with it, amazed at how much our self-worth and joy were bound into the other.
There are no consolations, no illuminations, nothing of that long-awaited flowing toward transcendence.
There is, though, compensation, the simple certainty of having touched and having been touched.
The silence and the speaking come together, grief and gladness come together, the disparates fuse.

16

« Une vie d'homme ne peut être silence : vivre est une parole, mourir aussi », écrivais-tu,
et nous voudrions le croire, pourtant comment concevoir ce que la vie achevée aurait pu dire
du mourir et de la mort jamais finis, des promesses brisées, de l'inspiration inaboutie,
de l'amour voué à se rétrécir dans les leurres de la mémoire, s'érodant en geste, acte incomplet ?
Et nous en sommes amoindris, étonnés de voir combien notre valeur et notre joie étaient liés à l'autre.
Il n'est pas de consolations, pas d'illuminations, pas l'ombre de ce transport tant attendu vers la transcendance.
Il est, pourtant, une compensation : la simple certitude d'avoir touché et été touché.
Silence et parole se rejoignent, douleur et bonheur se rejoignent, les contraires fusionnent.

17

Where are we now ? Nowhere, anywhere, the two of us, the four of us, fifty of us at a fête.
Islands of relationship, friends and friends, the sweet, normal, stolid matrix of the merely human,
the circles of community that intersect within us, hold us, touch us always with their presence,
even as, today, mourning, grief, themselves becoming memory, there still is that within us which endures,
not in possession of the single soul in solitude, but in the covenants of affection we embody,
the way an empty house embodies elemental presences, and the way, attentive, we can sense them.
Breath held, heart held, body stilled, we attend, and they are there, covenant, elemental presence,
and the voice, in the lightest footfall, the eternal wind, leaf and earth, the constant voice.

17

Où sommes-nous maintenant ? Nulle part, partout, nous deux, nous quatre, cinquante à une fête.
Iles de liens, d'amis et d'amis, douce, normale, placide matrice du simple humain,
cercles de communauté qui se recoupent en nous, nous enveloppent, nous émeuvent toujours de leur présence,
même quand, aujourd'hui, deuil, chagrin, deviennent souvenir à leur tour, quelque chose en nous néanmoins se perpétue,
non dans la possession solitaire de l'âme unique, mais dans les pactes d'affection que nous incarnons,
comme une maison vide incarne des présences élémentaires et comme, attentifs, nous pouvons les sentir.
Souffle en suspens, cœur en suspens, corps au repos, nous veillons et ils sont là, pacte, présence élémentaire,
avec la voix, la fidèle voix, dans le pas le plus léger, le vent, la feuille et la terre éternels.

18

« The immortalities of the moment spin and expand ; they seem to have no limits, yet time passes.
These last days here are bizarrely compressed, busy, and yet full of suppressed farewells... »
The hilly land you loved, lucerne and willow, the fields of butterfly and wasp and flower.
Farewell the crumbling house, barely held together by your ministrations, the shed, the pond.
Farewell your dumb French farmer's hat, your pads of yellow paper, your joyful, headlong scrawl.
The coolness of the woods, the swallow's swoop and whistle, the confident call of the owl at night.
Scents of dawn, the softening all-night fire, char, ash, warm embers in the early morning chill.
The moment holds, you move across the path and go, the light lifts, breaks : goodbye, my friend, farewell.

18

« Les immortalités de l'instant tournoient et se dilatent ; elles semblent sans limites, pourtant le temps passe.

Ces derniers jours ici sont bizarrement brefs, chargés, et pourtant pleins d'adieux refoulés... »

Le paysage vallonné que tu aimais, saules et luzerne, les prés de papillons, de guêpes et de fleurs.

Adieu, la maison croulante, qui tenait tout juste debout grâce à tes soins, le hangar, la mare.

Adieu, ton chapeau naïf de fermier français, tes blocs de papier jaune, ta gaie, fougueuse écriture.

La fraîcheur des bois, le sifflet et le plongeon de l'hirondelle, le cri calme du hibou la nuit.

Senteurs de l'aube, douceur du feu nocturne, bois noirci, cendres, braises tièdes dans le froid du petit matin.

L'instant dure, tu descends l'allée et disparais, la lumière se lève, éclate : au revoir, mon ami, adieu.

C.K. WILLIAMS

1936 - Naissance à Newark, New Jersey, dans une famille d'origine juive russo-polonaise.

1954-59 - Etudes de littérature et de philosophie à l'Université de Pennsylvanie. Fréquente le cercle d'architectes groupés autour de Louis Kahn.

1956-57 - Premiers séjours à Paris.

Pendant les années 1960 et 1970 s'occupe d'adolescents caractériels en qualité de thérapeute de groupe à l'Institut de l'Hôpital de Pennsylvanie et collabore à la publication d'articles dans le domaine de la psychiatrie.

Commence à publier en 1968 : *A Day for Anne Frank*. 1969 : *Lies*, 1972 : *I Am the Bitter Name*.

A partir de 1973, enseigne dans diverses universités, notamment à Berkeley, Boston, Columbia. Depuis 1982, est titulaire d'une chaire à l'Université George Mason, Virginie. Séjours de plus en plus fréquents à Paris.

1975 - Mariage avec Catherine Mauger, française.

Les années suivantes sont marquées par la publication de divers recueils, essais et traductions : 1977 : *With Ignorance* ; 1978 : les *Trachiniennes* de Sophocle ; 1983 : *Tar* et *The Lark. The Thrush. The Starling. Poems from Issa.*

1986 - Décide de se fixer définitivement à Paris, tout en continuant d'exercer ses fonctions aux Etats-Unis.

1987 - Publication de *Flesh and Blood*, pour lequel il obtient le National Book Critics circle Award.

1988 - Publication de *Poems 1963-1983*.

1990 - Traduit les *Bacchantes*, d'Euripide.

1992 - Publication de *A Dream of Mind*.

C.K. Williams est membre du comité de rédaction de l'*American Poetry Review* depuis 1972 et fait partie de nombreux jurys de prix de poésie.

ORIENTATION BIBLIOGRAPHIQUE

OEUVRES

Oeuvres poétiques :

A Day for Anne Frank, Falcon Press, Philadelphia, 1968.
Lies, Houghton Mifflin Company, Boston, 1969.
I Am the Bitter Name, Houghton Mifflin Company, Boston, 1972.
With Ignorance, Houghton Mifflin, Boston, 1977.
Tar, Random House, New York, 1983.
The Lark. The Thrush. The Starling. Poems from Issa, Burning Deck Press, Providence, 1983.
Flesh and Blood, Farrar Straus and Giroux, New York, 1987 ; Bloodaxe Books, Newcastle, 1988.
Poems 1963-1983, Farrar Straus and Giroux, New York, 1988. Bloodaxe Books, Newcastle, 1988.
A Dream of Mind, Farrar Straus and Giroux, New York, 1992. Bloodaxe Books, Newcastle, 1992.

Traductions :

Women of Trachis, de Sophocle, en collaboration avec Gregory Dickerson, Oxford University Press, New York ; London, 1978.
The Bacchae, d'Euripide, avec une introduction de Martha Nussbaum, Farrar Straus and Giroux, 1990.
Canvas, œuvre du poète polonais Adam Zagagewski, en collaboration avec Renata Gorczynski et Benjamin Ivry, 1991.
10710Selected Poems of Francis Ponge, en collaboration avec John Montague, Wake Forest University Press (à paraître).

Editions :

The Selected and Last Poems of Paul Zweig, Wesleyan University (1989).
The Essential Gerard Manley Hopkins, Ecco Press (1993).

Essais :

On Poetry and Justice, in *TriQuaterly*, 1985, et *The Writer in the World*, in *Atlantic Little Brown*, 1986.

The Poet and History, in *TriQuaterly*, 1988.

Poetry and Consciousness, in *The American Poetry Review*, 1987, and in *Annals of Adolescent Psychiatry*, 1988.

The Situation of Poetry in America, conférence prononcée lors du troisième Congrès de la *Wheatland Foundation Conference*, 1992.

Miklos Radnoti, in *New Republic, 1992.*

ETUDES

Aucune étude sur C.K. Williams n'est accessible en français. On pourra consulter en anglais :

Sherrod Santos in *Parnassus*, 1989.

David Mura, in *Three Penny Review*, 1989.

Charles Molesworth in *Crosscurrents*, 1987, vol. 6 n°5.

Charles Altieri in *Contemporary Literature*, 1992. Dans un numéro précédent de cette même revue on trouvera une interview par Lynn Keller (1988).

D'autres interviews ont paru dans l'*American Poetry Review* (1984), la *Missouri Review* (1986) et la revue irlandaise *Graph* (1989).

TABLE

Les poèmes : *Ormes, Premiers désirs, Automobile neuve, Conscience, Pâques, Le rêve, Travail, La fontaine, Véhicule : Insécurité* et *Véhicule : Absence* ont paru dans le N° 53 de la revue *Po&sie* (2e trimestre 1990).

ACHEVÉ D'IMPRIMER
EN MARS 1993
SUR LES PRESSES DE
L'IMPRIMERIE DU PAQUIS
70400 HÉRICOURT
DÉPÔT LÉGAL : 1er TRIMESTRE 1993

ISBN : 2-7291-0899-8
ISSN : 0-993-8672